领导干部履职核心能力建设书系

主编　时和兴

领导干部
心理调适能力建设

胡月星　著

中央党校出版集团
国家行政学院出版社
NATIONAL ACADEMY OF GOVERNANCE PRESS

图书在版编目（CIP）数据

领导干部心理调适能力建设 / 胡月星著 . — 北京：国家行政学院出版社，2023.1

（领导干部履职核心能力建设书系 / 时和兴主编）

ISBN 978-7-5150-2707-4

Ⅰ. ①领… Ⅱ. ①胡 … Ⅲ. ①领导人员—心理保健 Ⅳ . ① C933

中国版本图书馆 CIP 数据核字（2022）第 146729 号

书　　名	领导干部心理调适能力建设 LINGDAO GANBU XINLI TIAOSHI NENGLI JIANSHE
作　　者	胡月星　著
统筹策划	刘韫劼
责任编辑	王　莹　马文涛
出版发行	国家行政学院出版社 （北京市海淀区长春桥路 6 号　100089）
综 合 办	（010）68928903
发 行 部	（010）68928866
经　　销	新华书店
印　　刷	北京盛通印刷股份有限公司
版　　次	2023 年 1 月第 1 版
印　　次	2023 年 1 月第 1 次印刷
开　　本	170 毫米 ×240 毫米　16 开
印　　张	10.25
字　　数	131 千字
定　　价	36.00 元

本书如有印装质量问题，可随时调换，联系电话：（010）68929022

总序

领导干部是党和国家事业发展的“关键少数”，是党和国家事业的中坚力量。全面建设社会主义现代化国家，必须有一支政治过硬、适应新时代要求、具备领导现代化建设能力的干部队伍。领导干部的履职能力不仅体现干部队任的整体素质，更关系党的长期执政、国家长治久安、人民长远幸福。培养造就信念过硬、政治过硬、责任过硬、能力过硬、作风过硬的领导干部队伍，对于实现新时代新征程中国共产党的使命任务，以中国式现代化全面推进中华民族伟大复兴，具有重要战略意义。

当前，世界百年未有之大变局加速演进，世界之变、时代之变、历史之变正以前所未有的方式展开，国内改革发展稳定任务艰巨繁重，给领导干部的履职能力提出了一系列新挑战、新要求。建设堪当民族复兴重任的高素质干部队伍，必须着力解决领导干部队伍中存在的本领恐慌、能力不足问题。新时代新征程新任务，要求各级领导干部不断提高政治能力，增强推动高质量发展本领、服务群众本领、防范化解风险本领，加强斗争精神和斗争本领养成，提高统筹发展和安全能力。

干部教育培训是干部队伍建设的先导性、基础性、战略性工程。为开发适应领导干部履职需要和学习特点的培训教材，助力打造高素质专业化干部队伍，我们以习近平新时代中国特色社会主义思想为指导，立足中央党校（国家行政学院）作为干部培训主渠道主阵地的职能定位，以党中央对领导干部队伍建设的最新要求为遵循，编写了“领导干部履职核心能力建设书系”，分设《领导干部政治能力建设》《领导干部意识形态能力建设》《领导干部群众工作能力建设》《领导干部调查研究能力建设》《领导干部依法治理能力建设》《领导干部应急处突能力建设》《领导干部心理调适能力建设》《领导干部数字治理能力建设》八册。其中，政治能力是首要能力，在领导干部干好工作所需的各种能力中是第一位的；意识形态能力是关键，反映领导干部在重大问题和重大考验面前辨别政治是非的素质和水平；群众工作能力是根本，是衡量领导干部政治上是否合格、工作上是否称职、领导能力强不强的基本标准；调查研究能力是基础，属于领导干部做好各项工作的前提和必备基本功；依法治理能力是保障，体现深化改革、推动发展、化解矛盾、维护稳定、应对风险的内在要求；应急处突能力是底线，既检验领导干部统筹发展与安全的专业水平，又检验领导干部的见识和胆识、定力和魄力；心理调适能力是支撑，为领导干部全力战胜前进道路上各种困难和挑战、稳定发挥其他各项能力提供内源性动力；数字治理能力是重点，是领导干部适应数字时代治理要求、激发治理活力、转化治理效能的关键性保证。这八大能力相辅相成，构成了新时代领导干部必备的履职能力体系。

本书系各分册的作者为中央党校（国家行政学院）、中国社会科学院大学等相关领域权威专家，保证内容的专业性和权威性。书系聚焦领导干部履职能力建设的核心问题，紧贴党中央关于干部队伍建设和干部教育培训要求，针对各级领导干部工作现实需要，侧重能力要求的理论分析和能力建设的方法阐释，既有深入浅出的学理阐释，又有生动透彻的案例解读，辅以知识链接、延伸阅读、深度思考等板块，启发领导干部坚持在干中学、学中干，在阅读和思考中深度共鸣，为加强各级领导干部履职核心能力建设提供实用参考。

时和兴

2022年11月

前　言

党的十九大报告提出："加强社会心理服务体系建设，培育自尊自信、理性平和、积极向上的社会心态。"党的二十大报告要求："重视心理健康和精神卫生。"适应新时代发展要求，加强干部心理能力建设，防范化解干部的心理健康问题，提高干部的积极心理能量，是激发干部队伍活力、提高干部治理能力的重要路径。

推进国家治理体系和治理能力现代化任重道远，新时代的领导干部更需要好状态。面对社会现代化发展带来的一系列压力与挑战，面对国际国内复杂的形势和任务，环境越是复杂，任务越是艰巨，对干部队伍的要求越高、挑战越大。可以看到，顶住压力、攻坚克难、担当有为是当前和今后一段时期各级干部工作常态。在这样的社会政治经济环境下，满怀热情关心关爱干部、激励干部担当作为成为干部队伍管理的鲜明主题。在此，加强对领导干部的心理关爱是重要的形式之一。2018年5月，中共中央办公厅印发《关于进一步激励广大干部新时代新担当新作为的意见》，其中明确要求，要"满怀热情关心关爱干部。坚持严格管理和关心信任相统一，政治上激励、工作上支持、待遇上保障、心理上关怀"，同时明确要关注干部心理健康。在同年召开的全国组织工作会议上，习近平总书记强调，"要真情关爱干部"，"关注干部身心健康"。此后，中共中央组织部又专门下发《关于认真做好关心关怀干部心理健康有关工作的通知》，对做好干部心理健康有关工作提出了明确、具体的要求。这一系列举措的出台，既体现了中央对干部心理健康工作的重视，也折射了加强干部心理健康工作的重要性与紧迫性。

当前，面对新冠肺炎疫情防控和社会经济发展的双重压力，时间紧、任务重、要求严、责任大成为各级干部工作的真实写照。各级干部普遍反映压力很大，生理、心理持续处于应激状态，得不到有效舒缓，不同程度地出现了“疲态”。在忙碌的同时，被紧张、焦虑、烦躁、职业倦怠、身心疲劳综合征等问题困扰着，有的干部甚至出现比较明显的心理问题，如不同程度的焦虑症、抑郁症等，甚至发生过因过劳而猝死的情况。“夫心者，一身之主，百神之帅”，心是各种精神活动的统帅。干部的心理状态不佳，精气神自然会受到影响，干事创业的精神动能也会衰减。从整体的干部队伍建设的角度看，干部的心理健康问题制约着整个干部队伍的活力，也影响着干部队伍整体的精神风貌。

此外，加强心理健康工作也是致力于提高干部治理能力的重要举措。党的十九届四中全会明确提出：“把提高治理能力作为新时代干部队伍建设的重大任务。”干部治理能力是一个综合性的概念，由众多素质能力构成，其中包含心理调适能力，而且这一能力还属于基础性的、支撑性的能力。毛泽东同志在青年时期便提出了“心为万力之本”的重要观点，心力是内在的、根本性的能力。对各级干部而言，心理健康度高，心理素质过硬，才能为其他各项能力的提升和持续稳定发挥提供内源性保障；心理有力量，才能从容面对各种风险和挑战，做到以变应变，灵活应对各种复杂多变的局面；心态积极阳光，才能更好地引导和培育自尊自信、理性平和、积极向上的社会心态；心理影响力大，才能更好地协调处理党群工作关系，做好群众工作，及时防范和化解社会矛盾，并直接转化为社会治理的成效。

毫无疑问，加强干部心理能力建设应该成为干部队伍建设的重要内容之一。中组部下发的《关于认真做好关心关怀干部心理健康有关工作的通知》明确要求，要“加强干部心理健康教育和培训，针对干部心理健康方面突出问题，通过适时举办辅导讲座、发放图书资料、组织网络培训等形式，开展干部日常心理健康教育，各级党校（行政学院）、干部学院、社会主义学院相应班次要安排相关课程，着力提高干部心理健康水平”。《全国社会心理服务体系建设试点工作方案》也明确要求，各党政机关和企事业单位要为员工提供方便、可及的心理健康服务，要健全心理服务网络，依托本单位党团、工会、人力资源部门、卫生室，设立心理辅导室，建立心理健康服务团队。然而，目前贴近干部工作实际的心理健康服务的有效供给严重不足。就以各机关单位举办比较多的心理健康培训为例。从需求侧看，干部在心理健康方面是存在疑虑、困扰或现实性的问题的，也希望能够通过学习得到针对性的辅导和帮助。供给侧的心理健康培训课程往往难以匹配干部的需求。这种现象突出地表现为以下几种情况：心理健康培训或偏重于抽象化和理论化的概念，让干部觉得枯燥乏味、隔靴搔痒，提不起学习的兴趣；或偏重于病理化的数据、症状和案例的介绍，让干部觉得有心理问题就是“有病”，不敢过多表现出需求，怕别人觉得关注心理调节的人都“有病”；或偏重于表面化的游戏互动或“心灵鸡汤”式的励志话语，让干部觉得心理培训就是放松，难以引起共鸣和真正得到干部的认同……除此之外，心理咨询、心理健康科普、心理健康测评等服务形式也未能贴近干部工作实际。

鉴于此，本书以“领导干部心理调适能力建设”为题，从推动干部心理能力建设、加快构建新时代干部心理健康服务体系的角度考虑，聚焦领导干部心理健康现实需要，致力于打造出符合时代要求、贴近干部实际、满足当下需要的心理健康重量级读物，以期能够增强各级领导干部心理调适能力。

本书的最大特色是内容鲜活、层次清晰、阐述透彻、贴近实际、针对性强，同时充分展示了作者多年来对干部心理健康深入研究的系统性创新理论成果，是解答领导干部心理问题的实用科普读物，能够为各级领导干部提高心理活力、增强心理动能，进而激发其精气神提供科学指导。

目录

CONTENTS

第一章 领导干部心理健康及其标准

心理健康是一个人感受人生快乐、追求理想乃至成就事业的根本保证。成功心理学研究表明，目标、智慧、能力、人脉、健康是决定个人成功的五大因素。其中，健康是个人生活与事业发展的基本保障，是幸福的重要内容，是前四项要素发挥作用的关键所在。一个人如果没有健康，身心世界处于疾病状态，就难以完成目标使命，智慧水准就会受到限制，能力会随之失去意义。为此，要把心理健康放在首位，做有能力、有业绩的人，更要做一个身心健康发展的人，做一个拥有健康心态的人。

一、领导干部心理健康的重要性

提高领导干部队伍整体素质，增进领导干部心理健康调适能力，是贯彻落实新发展理念，加强党的执政能力建设的基本要求。领导干部的整体素质不仅包括履行岗位职责所需要的政治理论素质、业务能力素质和思想道德素质，还应当包括领导干部的心理素质。现代领导心理研究告诉人们，领导干部的心理素质，对其成长与发展具有重要的影响。一个人能否成为一个成功的领导者，除组织保障、环境条件、社会影响力之外，心理健康及其发展水平将更加重要。

（一）心理健康是加强干部队伍能力素质建设的客观要求

健康心理是干部正确履职、担当有为的前提，是干部自身成长的基础，关系到干部队伍整体素质，关系到党的各项事业的顺利推进。习近平总书记在2016年8月全国卫生与健康大会上强调，要加大心理健康问题基础性研究，做好心理健康知识和心理疾病科普工作，规范发展心理治疗、心理咨询等心理健康服务。2016年12月底，国家卫生计生委联合22个部委发布的《关于加强心理健康服务的指导意见》中明确提出，“加强心理健康服务、健全社会心理服务体系是改善公众心理健康水平、促进社会心态稳定和人际和谐、提升公众幸福感的关键措施，是培养良好道德风尚、促进经济社会协调发展、培育和践行社会主义核心价值观的基本要求，是实现国家长治久安的一项源头性、基础性工作。”该意见同时要求，“要把心理健康教育作为各级各类领导干部教育培训的重要内容，把良好的心理素质作为衡量领导干部综合能力的重要方面，全面提升党员领导干部的心理素质”。

由此可见，提升领导干部队伍的整体素质，心理素质是一项关键指标。培育积极进取、乐观向上、奋发有为的健康心态，对于增强党的凝聚力与战斗力，对于激发各级领导干部心理活力，营造风清气正良好政治生态都是至关重要的。

（二）心理健康是干部自身成长发展的迫切需要

心理学研究认为人有3大任务：第一个是要生存下来。第二个是在生存的基础上有发展，创造、拓展自己的生活空间，享受生活的成果，比如现代文明、现代文化、现代文艺、现代创作、建筑、文学都是人们在生存的基础上逐渐发展出来的产物，这些产物丰富了我们的生活方式和生存方式。第三个是追求幸福。幸福从哪里来？幸福感就是生存的满足、发展的满足。为了生存、为了发展、为了幸福，一个最根本的内在因素在哪里？其实就是健康，健康是根本保障。如果身心不健康，出现了问题，生存质量就不高，发展动力就不足，幸福指数就下降，痛苦指数就升高。因此，一个人的成功首先在于把自己的身心状态保持好，人活着就要活得有滋有味，这种有滋有味就是身心上的一种愉快体验：开心了，没有衣食之忧，工作干得顺心，各方面又得到很好的激励……自己的身心健康、生活幸福的基本保障，就是没有疾病和情绪压力的痛苦。我们人类发展需要解决好这3个任务，而要解决好它们就要有健康的身心。人们通常觉得干部工作能力强、社会地位也高，其实许多干部都处在亚健康状态，而且干部亚健康群体正在扩大，要引起我们的高度重视。

（三）心理健康是幸福人生的基本保障

从社会发展的角度来讲，很多人对身心健康的了解还不是很多。许多人比较忙碌，工作节奏比较快，只想到工作，只想到业绩，但是没有想到自己的状况，没有想到身心如果不协调，会给自己带来许许多多的麻烦。比如性格不好会导致疾病，情绪不好也会导致疾病。平常的压力不能排解，会不断地造成身心上的矛盾、纠葛或者是障碍，同时也会造成人际关系的紧张，造成思维的混乱。据资料统计，人类的疾病有50%～80%是由精神因素引起的。医学家认为，85%的精神疾病可以控制。也就是说病由心生，许多疾病是因为性格上、情绪上、心理上的因素造成的。中国工程院院士钟南山对如何保持身心健康谈了5句话：第一，要保持心理平衡；第二，要合理膳食，粗细搭配，营养均衡；第三，要适当运动，不要静坐，平常不要处在相对静止的状态，否则久而久之身体的整个状况如免疫系统和身体功能会弱化；第四，戒烟限酒；第五，疾病早防早治，自己的问题要早发现、早治疗、早保健。

医学研究认为：经常压抑自己，身心不平衡，情绪低沉或者容易被激怒、好高骛远的人容易得高血压疾病；急躁、过于忙碌容易得心脏疾病，很多心脏病人心脏供血不足与个人情绪急躁波动有很大关系；习惯于自我克制、内向、情绪压抑、多愁善感的人可能会得一些肿瘤疾病，有些肿瘤疾病就是因为长期情绪过度郁闷所致；如果人过于脆弱，同时多思多虑，自我暗示强，容易患神经衰弱。在生活当中，一定要注意了解自己的身心状况，自己的病自己最清楚，自己是什么样的人自己最明白，自己的精神状况自己应该最了解。我们的许多疾病就是因为不了解自己、不注意保健、不注意自己身体状况造成的。有专家研究，如果人的情绪经常处于低落状态，身体抵御肿瘤细胞的能力就会下降20%。有些资料显示，人体每天能产生3000个肿瘤细胞，都会对人产生侵害，如果情绪很好、身心状况很好，身体的免疫细胞就能把这些肿瘤细胞赶尽杀绝，对身体没有什么伤害。但如果经常情绪郁闷、压抑、困惑，身心经常处于疲惫不堪状况，最后导致身体免疫功能下降，肿瘤细胞有漏网的可能，会对身体健康产生影响。一位叫作特里古纳的印度医生说过：“你的大脑就是控制你生命的枢纽，是健康还是得病，由你自己选择。”其实脑作为生命的器官，任何心理现象都是大脑这个器官与外面的现实世界相互作用、相互影响形成的。所以生命的中枢——大脑太重要了。如果自己经常不注意了解自己，经常处于身心分裂、紊乱的状态，就可能造成健康问题。

（四）心理健康是现代人面临的重要课题

2021年3月1日，中科院心理研究所和社会科学文献出版社在京联合举办2020版“心理健康蓝皮书”发布会，正式对外发布《中国国民心理健康发展报告(2019—2020)》。其中的总报告对2020年国民心理健康现状与趋势、心理健康服务需求状况进行了调查与分析，并与2008年国民心理健康状况调查结果进行对比，提出了维护和促进国民心理健康、提高心理健康素养水平的对策和建议。《2019年科技工作者心理健康状况调查报告》对超过1万名科技工作者进行了问卷调查。结果显示，在参加调查的科技工作者中有约1/4具有不同程度的抑郁情绪，一半以上存在焦虑症状。对比2009年和2017年两次大规模的科技工作者调查结果，可以发现情绪问题（抑郁和焦虑）不论是在平均水平上还是在高风险人群比例上均呈现随年份上升的趋势。报告显示，心理健康状况地区差异显著，东部地区人们的心理健康状况显著优于其他地区。以抑郁调查结果为例，东部地区的抑郁高风险检出率为13.4%，东北地区的检出率为12.4%，中部地区的检出率为20.6%，西部地区的检出率为20.1%。

2022年上半年，《健康时报》、动脉网与好心情互联网医院联合发布的《2022年数字化精神心理健康服务行业蓝皮书》指出，精神障碍是全球十大疾病负担之一，1990—2019年，全球精神障碍患病人数增长48.1%。据推测，目前全球近10亿人患有精神障碍，几乎每8个人中就有一位精神障碍患者。尤其在新冠肺炎疫情影响下，全球精神障碍疾病负担更加沉重，抑郁症和焦虑症患者呈现激增态势。新冠肺炎疫情作为突发性的公共卫生事件，给全国民众带来了明显的心理冲击，在新冠肺炎疫情暴发早期，公众处于普遍的群体性心理危机中，焦虑和抑郁症状较为突出，提示在抗击新冠肺炎疫情的同时，应关注民众的心理健康状况。

在问题存在的同时，新冠肺炎疫情也为精神心理健康服务提供了机遇；2020年和2021年，我国线下医疗就诊人数明显下降，而线上诊疗用户大幅增加。截至2021年12月，我国在线医疗用户规模达2.98亿，同比增长38.7%，增长趋势明显。在众多精神心理疾病就诊患者中，无论男女，抑郁症超过四成，占比较高；抑郁症、焦虑障碍、精神分裂症、双相情感障碍4类疾病的就诊患者均以20~35岁的年轻人群为主。2019年，由北京大学第六医院、中国疾病预防控制中心等多家机构发布的中国精神障碍流行病学调查显示，目前我国精神障碍的终身患病率为16.6%，这意味着我国民众一生中有近1/6的概率会患精神障碍。近5年来，全球数字化精神心理健康领域发展活跃，投资项目及资金呈井喷式增加。数字化精神心理医疗实现客户规模化的和to B企业率先突围，离上市更近一步。同时，我国精神心理专科服务领域备受资本青睐，热度居高不下。一系列调查数据和突出现象表明，现代人面临着各种更大的心理危机的挑战压力，消解心理压力及情绪困扰，排解心理问题障碍带来的不适感和焦虑烦躁，激发心理活力，提升心理健康能力水平，已是现代人们的普遍愿望。

二、领导干部心理健康的主要标准

近年来，随着社会经济的发展和人们生活水平的提高，国人对于心理健康越来越重视。国内外许多学者都倾注了大量的时间和精力对心理健康作用机制及其影响因素进行深入的探索研究，提出了许多关于心理健康标准的见解，比较一致的观点认为，心理健康是一个人所具有的良好身心状态和社会适应能力。学者（A.H.Maslow）将其归结为充分的安全感、充分了解自己并对自己的能力作适当的评价、能保持人格的完整与和谐、具有良好的人际关系、适度的情绪表达及控制等方面。学者（Q.W.Allport）提出心理健康者应具有自我广延的能力、与他人热情交往的能力、情绪上有安全感和自我认可、自我客体化以及具有现实知觉等方面的特征。

应当看到，作为领导干部，一方面有与普通人一样的健康心理需求，另一方面由于其职业角色的特殊性和职责的重要性，其心理健康还体现出与其工作性质特点相适应的特殊内涵。从其岗位角色特点及职责要求来讲，清醒的自我意识、良好的人际环境适应、稳定的情绪情感状态、健全的性格结构、富有同情心和社会责任感以及宽容、尊重、理解他人等，是衡量评判领导干部心理健康能力水平的主要指标。

（一）清醒的自我意识

著名心理学家密特尔曼（Mittelman）认为，“充分了解自己，并对自己的所学所能作出适当的评价”是自我意识成熟的标准之一。领导干部具备清醒的自我意识，要在以下3个环节上下功夫：一是在自我认识上加强训练，包括自我观察、自我评价、自我审视等，就是要搞清楚自己是怎样一个人，是一个性格内向型的人还是一个性格外向型的人，是一个反应敏捷、思维灵活的人还是一个反应迟缓、想象呆板的人，是一个依赖顺从型的人还是一个独立支配型的人；二是自我体验要深刻，即“自重、自警”，包括自我感受、自我珍惜、自我尊重，责任感、义务感和使命感等，就是要搞清楚人为什么要活着，人生的价值和意义何在，领导干部的荣誉感和价值感体现在何处等；三是自我调节控制力要强，亦称“自励”，包括自我约束、自我监督、自我勉励、自我矫正等，就是要清楚怎样才会获得积极愉快的人生，怎样才能自我完善。毋庸置疑，一个人只有清楚地认识自己，思想与行为协调一致，内心才是稳定和踏实的，才会感到充实而有力量。

（二）良好的人际环境适应

心理学研究认为，任何人都具有普遍的社会性安全感需要。这种安全感的本质是人与人之间真诚的情感联系，其亦是获得心理健康的基本途径，领导干部亦不例外。在日常工作中，一些干部之所以看重同他人的交往，注重别人对自己的印象和评价，珍惜别人对自己的接纳和帮助，就是希望能够尽快同他人建立起良好的人际关系，获得积极的心理体验的表现。这种真诚的亲密的人际关系一旦确立下来，不仅会增强开拓工作新局面的自信心，而且会极大地满足社会安全感的基本需要。在此，需要指出的是，要拥有充实的情感体验，就必须把握真诚待人、勤政为民的要旨，真心实意地替他人着想、替百姓分忧，为群众动真情、办实事。这是获得充满人间温情的社会安全感、得到“群众认可”的奥秘所在。但有的领导干部却使这种人际情感体验扭曲化、庸俗化：有的一味沉湎于觥筹交错之中领悟所谓的“情感深厚”；有的通过换帖子、拜把子，搞“金兰结义”，以求世俗化的情感效应；还有的视草芥若芝兰，“迷魂汤”一吃、“迷魂舞”一跳，便恍恍惚惚，飘飘然，自我感觉良好。殊不知，虽应酬繁，但难消寂寞空虚。由于脱离群众，失去真诚，忘记自己的职责和使命，终究难觅人生知己，愈加体验到情感的失落与不安全，这是一种人际关系适应不良的表现。

（三）稳定的情绪情感状态

社会心理学研究认为，情绪情感是一种反映人与内外环境的特殊心理体验。情绪的发生往往与那些比较低层次的天然需要相联系；情感则与人的社会性需要相联系，是一种高层次的心理体验。人的任何行为都与情绪情感发生着密不可分的联系，不同的情绪情感状态对于人的心理有着不同的影响。现实生活中我们可以感受到，积极的情绪情感总使人心情愉快，干劲倍增。健康、活泼、热情、乐观的心理体验不仅给人以轻松愉快的心理感受，而且会使人减缓身心负荷与压力，消除紧张恐惧，增强机体抵抗疾病的能力。另外，乐观积极的情绪情感也能够调节心理气氛，改变生活和工作中的沉闷感，有助于促进自己的工作与学习，提高工作效率。相反，消极不愉快的情绪情感则对人的身心有害。愤怒、焦虑、紧张、恐惧、嫉妒、忧愁不仅降低人的活力，而且会对人的行为活动产生干扰阻碍作用，诱发各种身心疾病。过度抑郁、苦闷、嫉妒，不仅使人处于无穷无尽的烦恼中难以自拔，而且会使人神经功能失调，导致未老先衰。现代医学研究认为，长期焦虑、压抑和紧张是胃溃疡、高血压、心脏病和肿瘤的诱因。领导干部肩负着繁重的工作任务，面临着各种错综复杂的工作局面，迫切需要一个健康稳定的情绪情感状态，使自己始终满腔热情地投入工作，赢得事业上的成就与成功。但是，我们常常会看到这样的情况：有的领导干部不善于做情绪情感的主人，处处被情绪左右，工作或生活中稍遇不顺心的事，便心情烦躁，坐卧不宁；有的领导干部把因家庭矛盾产生的不良情绪带到正常的工作中来；有的领导干部则将工作上遇到的不如意投射到家庭生活中去，使得周围人心惶惶，无所适从；更有甚者，情绪反复无常，以个人好恶来对待工作，愉快时什么都容易解决，不高兴时什么都难办。这种不健康不稳定的心态往往还导致部门之间或上下级之间连锁的不良情绪反应。因此，领导干部保持心理健康，首先情绪情感要健康，要学会控制自己的情绪，积极进行情绪调节，获得积极愉快且满意的情绪体验。只有这样，才能够把工作做好。

（四）健全的性格结构

性格是人对现实稳定的态度和行为方式中的个性心理特征的总和。健全的性格结构指的是性格在态度上、情绪上、理智上和意志特征上表现出的稳定性和完整性。从性格的态度特征上讲，主要体现在个人对社会、对集体、对工作、对学习、对待他人和自己的相互关系上。譬如有的干部为人正直，刚正不阿；有的干部热爱集体，一心为民；有的干部关心他人，富有同情心；有的干部虚怀若谷，勤奋朴实，工作责任心强。与此相反，有的干部自私、虚伪，善于阿谀奉承，为人狡诈冷酷；有的干部自负自满，任性放纵，工作缺乏责任心。从性格的情绪特征上讲，有的干部情绪活动大起大落，不容易控制；有的干部情绪体验比较微弱，对身心状态和工作影响较少；有的干部精神饱满，积极乐观，不以升降论荣誉，不以职位高低品贵贱，心境平稳，神态自若。相反，有的干部经常闷闷不乐，焦虑烦躁；有的干部一遇挫折便萎靡不振，郁郁寡欢；有的干部一旦失意，便情绪失控，跟平常相比几乎判若两人。从性格的理智特征方面讲，有的干部观察敏锐，善于发现问题和分析问题，能够仔细求证，大胆决策；有的干部工作上雷厉风行，果断刚强；有的干部粗中有细，富于思考判断，作风细腻，思路清楚。相反，有的干部粗而不细，不求甚解；有的干部感情用事，不善思考；有的干部作风粗暴，独断专行；有的干部沉溺于幻想，“拍脑袋”出成绩，“拍胸脯”耍威风；有的干部做工作虎头蛇尾，缺少章法，总想一鸣惊人，结果搞得一塌糊涂。从性格的意志特征方面讲，有的干部信念坚定，意志顽强，目标明确，工作扎实；有的干部果断积极，行动敏捷；有的干部勇敢坚定，不屈不挠；有的干部自制坚韧，锲而不舍。与此相反，有的干部优柔寡断，“人云亦云”；有的干部朝三暮四，退缩忍让；

有的干部怯懦恐惧，消极防御；有的干部疑心太重，患得患失。由于性格品质的不同，反映在领导干部思想作风、认识水平、工作效果上也不一致。尤其是那些在性格方面存在种种缺陷的领导干部，如果不注意加强培养和锻炼，则难当大任。即使一时当任，也难免出现失误，给工作和事业带来损失。

（五）富有同情心和社会责任感

同情心缘于一个人对社会和他人真诚的关切和爱护，是一个人高尚情操的具体表现。心理学上把一个人的同情心和社会责任感从情感和理智两方面进行统一的评价，称之为“良心”。当一个人从这两个方面来审视自己的心灵并感觉到自己的追求与准则时，就会产生一种“无愧于心”的感受。同时，获得一种极大的愉悦和满足，进一步增强工作和生活的信心以及克服挫折困难的勇气。反之，则会产生内心的不安与冲突，体验到羞愧和内疚的情感，促使自己改正自己的行为，并力图重新树立起自己的完整形象。譬如有的领导干部到贫困地区调查时，看到当地百姓的贫苦生活，心中涌现出无比的同情与关爱，以至于动情流泪，送钱送物。其潜在原因是一种高度社会责任感和强烈的同情心使然。由此，我们不难理解人民公仆孔繁森为什么将两个嗷嗷待哺的孤儿拥入自己的怀抱，为什么总是背着小药箱走遍阿里地区。正是这种高尚情操驱使着他视百姓若亲人，实践着全心全意为人民服务的真诚诺言。相反，在现实生活中，我们也看到个别领导干部作威作福、侵吞民脂民膏、大肆挥霍浪费、贪污腐败的丑恶行径。他们根本不可能获得“问心无愧”的极大愉快和满足感，有的只能是紧张、焦虑、内疚和不安全、不稳定感。这种不健康的心理意识必然侵害他们的精神世界，使他们堕入毁灭的深渊。

（六）宽容、尊重、理解他人

宽容是人类的美德，也是个人心理健康的附带特点。宽容的标志是善于尊重、理解他人，表现为能够用欣赏的目光看待一切，能够从不同侧面、不同角度观察到人或大自然蕴藏的美。作为领导干部，善于发现身边或周围每个人的特点和长处，是讲究领导艺术的表现。唯有这样，才能调动一切积极因素，团结一切可以团结的力量，群策群力，齐心协力把工作做好。社会心理学研究表明，人与人之间牢固的情感反映，在于相互间的尊重和理解。由于尊重和理解，能够使对方体验到自身的价值和“重要感”，激发起与之患难与共的心理感受，增强工作的信心和勇气。日常工作中我们可以看到，许多领导干部以身作则，严于律己，宽以待人，干群之间关系融洽，上下级之间团结和睦。人们在这种宽容的心理氛围中工作和学习，共同体验到自身的“重要感”，群体凝聚力和向心力大增。例如，有的企业亏损，干群一心“精神不亏损”，短时间扭亏为盈；有的部门毫无生气，工作效益严重下降，换了领导之后，局面大变，士气上升，前后反差明显。其实质就在于“多一点”和“少一点”的关系上。只要多一点尊重人、理解人，多一点宽容的公正，少一点冷漠与偏见，少一点自私猜忌，必然会产生截然不同的效果。然而，在现实中，有的领导干部心胸狭窄，容人之心不足，妒人之心有余，总害怕别人超过自己，害怕看到别人的长处和优点，妒贤嫉能，排斥异己，造成人际关系紧张，严重影响到群体士气；有的同事之间缺乏真诚，心理不相容，彼此猜忌推测；尤其是个别主要负责人之间自立门户，互不沟通往来，较劲憋气，导致怨声载道、民怨沸腾；还有的貌似高明，颐指气使，指手画脚，独断专行，不尊重他人，不珍惜群众的劳动成果，造成干群之间、领导之间的情绪对立；更有甚者，动机卑劣，拨弄是非，造谣中伤，打击报复，导致众叛亲离，给党和人民的事业造成不可挽回的重大损失。

资料链接

测量自己的心理健康情况

请根据自己的实际情况，将下列选项用分级标准进行分级。

6= 十分同意　5= 比较同意　4= 有点同意　3= 有点不同意

2= 不太同意　1= 十分不同意

1. 我对自己持有积极的态度。（　）
2. 我意识到并且接受自己有优点也有缺点。（　）
3. 我对自己过去的生活方式持肯定态度。（　）
4. 我喜欢与他人建立温暖、满意和信任的关系。（　）
5. 我经常对他人的幸福表示关心。（　）
6. 我对他人能表示强烈的情感，包括很强的移情、爱心和亲密感。（　）
7. 我能抵制很强的社会压力，能独立思考和行动。（　）
8. 我根据自己的标准而不是他人的标准来衡量自己。（　）
9. 我对他人对我的看法和期望不是很在意。（　）
10. 我对有效处理每天的事情的能力很有信心。（　）
11. 我能意识到机会的存在并利用它们。（　）
12. 我感觉自己能控制环境。（　）
13. 我明白生命是有目的的。（　）
14. 我相信自己过去的和现在的生命都有意义。（　）
15. 我相信自己的生命在朝好的方向前进。（　）

16.我视自己的生命为一个成长和发展的机会。（ ）

17.我感觉到自己在随着时间进步。（ ）

18.在成长中，我对自己的了解会更多。（ ）

得分与心理健康情况：拥有发展健全的心理健康的个性倾向与上述各项一致。测试得分越高，心理越健康。

第二章 领导干部心理问题障碍及其调适

人生在世，健康永远是第一位的。从出生到老年，我们每个人都关心着自己的健康问题，拥有健康比拥有财富、地位、名誉更加重要。有专家称，有1/4的人会患上不同的精神障碍疾病，尤其在社会变迁发展期，人的精神障碍会随着社会压力的增大而增多，精神疾病发病率会增加并且提速。心理障碍不仅影响人们的生活质量，而且严重的精神障碍会影响自身和他人的生命安全。特别是对中年人的心理健康问题更要引起高度重视。北京某企业咨询服务中心联合《财富》杂志中文版曾经对1576名企业高级管理人员作了一次健康调查，结果显示，近70%的高级管理人员认为自己承受的压力很大，其中有21%的人认为压力极大。在普通人群中，15%属于不健康人群，其中有60%～70%属于亚健康人群。在中年领导干部存在的心理健康问题中，最典型的是抑郁倾向，占了1/3，其次是焦虑，有的是既抑郁又焦虑。有关专家提醒，中年领导干部的工作和家庭压力普遍比较大，要格外重视自己的身体健康，一定要保持良好的生活方式和心态，否则会出现自己都意识不到的严重问题。

一、主要心理问题

心理学研究表明，在个人的心理问题中，一般的心理问题在现实生活中占了80%，主要表现为社会适应不良、职业枯竭、人格不健康、认知问题、情绪问题、意志问题、人际关系问题等7个方面。心理障碍大约占15%，主要表现为神经症、人格障碍两个方面。严重的心理疾病不超过5%，这些人需要药物治疗，必要的还要做医学上的观察。

对领导干部而言，尽管大多数领导干部积极向上、奋发进取，始终保持乐观积极心态，但也有少数人心理压力沉重，存在各种心理问题，主要体现在焦虑、抑郁、嫉妒、攀比、冷漠、迷信、贪婪、虚伪等方面。

1.焦虑烦躁。每个人面对自然和社会环境中的种种负面事件和威胁，以及面对不可预测的未来时，总会产生不安全感，并由此产生紧张焦虑的情绪反应。这种情绪的内容和程度合乎情理并可以被人理解，被称为“生存焦虑”，是人的正常生理机能的反映。如果经常或持续地产生无明确对象或固定内容的恐惧、精神紧张、提心吊胆、惶惶不可终日，并常伴有头晕、胸闷、心悸、口干、尿频、出汗、震颤和运动性不安，这是一种病理性焦虑状态。焦虑是一种烦躁的情绪，工作太累是导致中年管理者心理出现焦虑的重要因素。一些人误以为做领导是让人向往的事，可以不用做苦活累活，整天坐在办公室里就能领到很高的薪水，有什么出差考察的好事准会落到他们头上。可是实际上，做领导并非这些人想象的那样惬意，反而如苏轼词中所言“高处不胜寒”。有朋友讲了自己商界朋友的故事：每次遇到这位商界朋友的时候，他总是和一群人打着麻将，一副游手好闲的样子，他的亲戚们都风传他结交了一些重量级人物，做着不花力气就能赚钱的生意。但是朋友还是感叹说，别看自己现在外表光鲜，但生活并不如意。他原来没有下海之前，还有一些个人爱好，每天晚上喜欢和自己的妻子出去散步，共享天伦，但自从做生意之后，一个星期21顿饭，除了7顿早饭能保证在家吃，其他14顿饭差不多有10顿以上是各种各样的应酬。“根本吃不饱，说的都是一些逢场作戏的话，所以你说能不累吗？人自然的时候是最轻松的。现在的自己虽然有钱，却真是过着很差的生活，每天都特别忙。以前自己还看点书，现在一回到家，就是要找几个朋友打牌，否则太累，总不能晚上还让我们的脑子继续转着。”一位企业领导感叹说，搞人际关系是他生意成功的一个很重要保障，但是成年的劳碌让他患上严重的失眠症，“每年有200天以上我是眼睁睁看着朝阳升起的”。

2.抑郁苦闷。抑郁与抑郁症是两个概念。抑郁是人的一种正常情绪，人都有快乐、高兴、痛苦、悲伤、孤独、绝望的时候。比如，这两天郁闷，什么话也不想说，什么人也不想见，觉得委屈，觉得大家都跟我过不去，觉得很倒霉。抑郁症的症状是缺乏快乐感，失眠或睡不醒，饮食不正常，疲倦，有自杀企图，坐立不安，情绪不稳定，注意力无法集中，记忆力减退，优柔寡断。人处在抑郁状态时，身体的各项机能会随之下降，出现头疼、消化不良等生理症状。抑郁是一种很常见的情绪反应，当人们遇到精神压力、生活挫折、痛苦的境遇或面对生老病死的时候，理所当然会产生抑郁情绪。抑郁和抑郁症可以从心理冲突的常形与变形两个方面来区别。抑郁症严重到能够改变大脑生化结构，导致大脑里主管积极思维的细胞被抑制，消极思维占上风，想什么事情都是悲观的。别人看来挺好的事物，但是抑郁倾向的人觉得一塌糊涂。

资料链接

摆脱抑郁情绪的12种方法

1.要为自己寻找借口。

2.再给自己一点爱。

3.分散你的注意力，改变你的行为。

4.了解自己的极限。

5.寻找心灵的绿洲——让身心安宁地放松和冥想。

6.相信自己、也相信他人。

7.计划一些积极有益的活动应付枯燥的生活。

8.向朋友诉说自己的烦恼。

9.看到事情的光明面。

10.把复杂问题分解成简单的问题。

11.倾尽全力完成一件事。

12.运动是自救的基础。

3.嫉妒心理。所谓嫉妒，是一种对别人的才能怨恨、对别人的成就恐惧和对别人超过自己而忧虑的思想情绪。黑格尔说，嫉妒是拿别人的成绩来惩罚自己。领导者的嫉妒大多是由于社会对自身的评价产生的，嫉妒的中心往往是对方的地位、名誉、权力和业绩。从积极的方面看，嫉妒可以成为竞争的动力和源泉，但其消极影响远远大于积极影响。极端的嫉妒心理往往使领导者变得偏激，带来一定程度的心理紧张和攻击性意欲，甚至做出违反道德

延伸阅读

2010年8月5日，智利圣何塞铜矿发生矿难，33名矿工被困井下，69天后全部获救。这个奇迹的创造需要许多条件，其中之一是实行严格三班倒清理碎石，以劳动分散矿工的注意力，让矿工相信能够逃生，而不是消极等待救援，最后导致心理崩溃。33名矿工被分成3班，轮流工作8小时，完成清理碎石等任务，每班有一个班长，白班从早上8点至下午4点，晚班是下午4点持续到午夜，夜班则是半夜至清晨。每班工人除了8小时工作，还有8小时睡觉的时间，另外8小时可以玩游戏，给家人写信或者在隧道里散步。正是这些简单有效的办法，缓解了他们的心理压力，避免了心理危机，为自救赢得了时间，创造了生存下来的奇迹。

准则和法律法规的事情。

4.攀比失衡。攀比就是总是和别人的成就进行比较。攀比会使一些干部变得比较焦躁。心理学研究发现，人经常盲目地攀比很容易寻致心理失衡。应该纵向看、往前看，从发展的角度看待自己和他人的成败得失，这样心理就容易平衡。中国科学院心理研究所研究员周林认为，现代社会强调竞争，尤其对中年男人来说，更是要建功立业，男性对职务的渴望较女性更强烈一些。与同龄人攀比的心理常常会导致中年领导的焦虑倾向，这类中年领导极少纵向比较，常常横向比较。如果他开着桑塔纳，那么他看不到开奥拓的人，只看到了有人开着宝马；如果他是处级领导，那么他不会去想大学同学中还有普通科员，而成天在心里与当了局级干部的同学较劲。这种攀比心理如果能化为动力，固然可以提升自己的能力，一旦要走入自怨自艾、怨天尤人的死胡同，则“心魔”由此而生。北京医院神经内科主任医师吴凯大夫指出：在生理上，中年人已由生长旺盛期进入缓慢衰退期；在心理上，人到中年才拼到一定职务，对是否还能再有升迁机会，没有把握，往往失去上进心，加之感到与现代生活、工作的快节奏脱节，在“内忧外患”的冲击下，心理自然会出现压力。人到中年，更应加强修养，遇事泰然处之，清醒地认识到生命总是由旺盛走向衰老直至死亡，这是不能抗拒的自然规律。因此，应养成豁达的个性，平静地接受人到中年生理上和心理上出现的种种变化，并随之调整自己的生活和工作节奏，主动避免因生理变化而对心理造成的冲击。

5.冷漠心态。麻木或冷漠是个体对挫折的消极反应，是对挫折环境的一种自我保护性或防御性反应。麻木或冷漠是一种综合性的心理障碍，它包括缺乏积极的认识动机、活动意向减退、情感冷漠、情绪低落、意志衰退、思维不活跃等。这种消极反应出现在领导者的心理中，会表现出缺乏关爱同情，没有责任心，失去社会道德义务感，对别人的不幸遭遇麻木不仁，对社会正义呼唤无动于衷，对悲伤事件幸灾乐祸等特征。有些领导对人生失去信心，冷漠自私，在工作、生活中缺乏热情投入，充满埋怨嫉恨。克服麻木、冷漠心理障碍的最好办法就是改变生活态度，树立积极生活信念，培育高雅生活情趣，充实内心世界，多学习观察，勤于思考，加强品德修养，塑造高尚行为。

6.迷信沉醉。迷信就是执迷于本不应该相信的东西，既反映出人们的错误和迷失，也反映出人们接受知识的一种错误态度和方法。从心理学的角度来看，由“畏神信神”达到神经兮兮的痴迷状态，在迷信至极时一般是处于极其狂热的心理状态，即最大限度的紧张和强烈深刻的内心体验。这些体验使个体脱离周围现实，并使其心理的强烈表现转向幻想的客体。从行为上则表现出接近、依恋、痴迷，甚至与“神”融为一体。迷信通常指盲目的信仰和崇拜，特别是信仰“鬼神”等不存在或不能证实存在的事物。迷信对于党政干部来说可以理解为信仰迷失、错位的表征，迷信现象的泛滥是一种信仰危机。迷信心理是领导干部心理失衡的突出反映，是一种扭曲的心理现象。少数领导干部不信马列信迷信，不信科学信风水；少数领导干部台上作科学报告，台下求神拜佛，在缭绕的香火中寻求寄托和心理安慰；有的领导干部迷信数字；有的甚至在换届或人事调整前请求算命先生指点迷津；等等。

延伸阅读

河北省对外贸易经济合作厅原副厅长兼省机电产品进出口办公室原主任李友灿在衡水被执行死刑，一个巨贪走完了他的“传奇”人生路。自2001年8月到2003年4月期间，李友灿日均受贿7万多元，短短一年多时间里疯狂受贿4744万余元，相当于一个中等县全年的财政收入。以受贿数额衡量，当时李友灿堪称新中国成立以来被查处的“第一贪官”。对金钱的疯狂攫取，对贪欲的肆意放纵，使李友灿在很短的时间内聚集了大量的财富。在金钱改变着他的同时，他对金钱的态度也在发生着改变。“觉得钱越来越不是钱了！”李友灿自己这样说，“每次就像拉几箱苹果那样……要弄一提包纸我不知道怎么弄，要弄一提包钱非常容易！”一次他“提取”了800多万元后，把8个提包放到车上，后备箱装不下，又装到后座上。装完钱后，他竟若无其事地上楼去参加一个应酬，直到很晚才回来把放着巨额现金的车开走。办案人员曾问他：“你就不担心钱被盗？”李友灿的回答是，这些钱对于他来说都已经不是钱了。这些钱他很少挥霍，只不过偶尔到藏钱的房子里，把那些现金一摞摞铺在地上，静静地“欣赏”。李友灿说，他自己也无法说清当时是怎样的一个心理状态，只是觉得“我满足了，我现在终于有钱了！”

7.贪婪虚伪。欲望是一种心理势能，包含生理欲望和心理欲望。欲望的满足受现实生活环境和个人认知能力水平的调节支配。虚伪贪婪心理固然是价值取向、心理扭曲或欲望无限膨胀的心理问题，但从一定程度上却反映出一个人的人格特征。知、情、意、行不能统一，甚至矛盾对立，其实质也是一种病态人格。比如虚伪自私，无端怀疑猜忌，行为举止难以琢磨，强烈的占有欲和控制欲，对物质享受过分迷恋等。

二、影响领导干部心理健康的主要因素

为什么许多领导干部存在这样或那样的心理问题？这些问题是怎样引起的？影响心理健康的因素到底有哪些？归纳起来大概是3个因素：第一个是自身主观方面的因素；第二个是社会因素；第三个是相互交织造成的各种因素，比如环境因素、组织因素、人际关系因素。

（一）个体心理因素

一是自我认知失调。印度医生特里古纳说：“你的大脑就是控制你生命的枢纽，是健康还是得病，由你自己选择。”在现实生活中，身心问题严重，心理世界灰色、压力大，不但会造成事业上的失败，而且会导致人生悲剧。领导干部如果没有很好地认

识自己，没有清晰的自我意识，就容易造成心理上的问题。比如，有的领导干部对维护心理健康的重要性认识不足，对心理健康的知识知之甚少，缺乏自我心理调适手段，心理压力不能得到及时释放，日积月累，结果产生心身性疾病，比如恶性肿瘤、心血管疾病、呼吸系统疾病、糖尿病等。大量的医学研究证实，这些心身性疾病和不良情绪压力呈正相关关系。

二是负面情绪困扰。焦虑、烦躁、悲伤、忧愁、嫉恨、发怒等负面情绪积累太多，终日被各种负面情绪困扰，不良情绪“引爆点”太多，极易产生情绪障碍问题。因此，当烦恼降临的时候，我们既不要怨天尤人，也不要自暴自弃，要学会给心灵松绑，从心理上调适自己，避免无端烦恼变成心病。对此，美国心理学家塞里格曼提出了“积极心理学”的概念。以前的心理学者更多关注那些心理疾患病人，其实心理学还应该关注健康人群，让健康人群的幸福指数提高。塞里格曼对70个心脏病人做过测试，17个被测试为最悲观的病人中有16个没有经受住第二次心脏病发作而去世，19个被测试为最乐观的病人中只有1个去世。大家知道，癌细胞在每个人体内都有，有的人发作，有的人不发作。悲观的人得癌症后一个月就去世了，乐观的人活得挺好，说明体内的积极因素起了很大的作用。

三是价值取向扭曲。当一种价值观经内化而成为人的行为向导时，就被称为“价值取向”(values orientation)。价值取向是稳定价值观的动态表现。不同社会群体其价值取向有各自的特点，而其中最受关注的当数领导者的价值取向，因为它表明了领导者对待自我和社会的态度，是领导者在行动中的价值观，它不仅影响着领导者本身，也影响甚至决定着整个社会的价值体系。由于领导者在现实生活中的需要不同、经历不同、职务不同，在面对各种关系、选择、冲突时所持的立场态度就会有所不同，表现为领导者的各种价值取向：道德的、政治的、信仰的、审美的、认知的、学习的、职业的、人际的、婚姻的、消费的，等等。人的价值取向不能违背社会公德、丧失原则和行为标准，更不能颠倒黑白。然而有的人的价值取向发生了扭曲，理想信仰失落，崇拜权力金钱，贪图物质享受，沉溺于吃喝玩乐，信奉迷信风水。由于价值取向扭曲而造成的人格心理障碍是诱发个人身心失衡的主要原因。

四是目标追求失落。通过一个人走过怎样的路，怎样走过来的，走得完不完整，可以看清楚或预测他以后会走什么样的路。从一个人的成长经历往往也能看清楚一个人心理的成长。最近流传的“大树理论”给人们许多深刻的启发教育：要成为一棵大树，必须能够经受各种风霜雪雨的考验，具有超凡的忍耐坚持力。“大树理论”特别强调，一个人成长需要具备以下5个条件。一是时间。没有一棵大树是树苗种下去，马上就变成了大树，一定是岁月刻画着年轮，一圈圈往外铺展成长。二是坚持。成为一棵大树，一定是经风霜、历雨雪，屹立不动，最终成长为大树。三是根基。根基深扎地下，不停地吸收营养，补充水分能量，绝对没有一棵大树没有根而存活。四是向上长。积极奋进，努力向上，有清晰的目标，具备坚强的意志品质和旺盛的进取心，从不懈怠，主动发展，争取机会。五是向阳光。拥有希望，充满乐观自豪情绪，春季发芽，夏季开花，秋季结果，冬季封藏，四季变换，向往阳光的美好愿望从不改变。而心态脆弱者，犹如小草弱苗，目标游离不定，根基不深，阅历浅薄，坚持力不强，缺乏积极乐观的情绪，对奋斗历程缺乏恒心，没有专注内功修炼，致使心理脆弱，动辄陷入心理危机当中，难以健康成长。

（二）环境刺激因素

不良的工作环境、劳动时间过长、工作不胜任、工作单调以及居住条件差、经济收入低等，都会使人产生焦虑、烦躁、愤怒、失望等心理状态从而影响人的心理健康。此外，生活环境的巨大变化也会使个体产生心理应激，由此带来心理的不适。有关研究资料表明，造成领导干部心理不平衡的主要原因有四个方面，亦称“四座大山”：一是工作担子重，无力承担；二是社会压力大，不能很好地调节；三是外界诱惑多，自己身陷其中；四是家庭矛盾显，情感压力大。其实这些都是外在的因素，真正横在面前难以跨越的山是自己心理上的负担太重，排解压力的能力太弱，没有很好地分析这些压力，没有很好地对待现实生活的要求，没有很好地对待外界的诱惑，没有很好地对待事业与家庭。目前，社会上很多人感觉心理压力大，一方面是生存压力，另一方面是发展的压力，此外，还有许多人是认知不协调造成的身心压力。一份研究资料表明，大多数人担忧的事太多了，他们仿佛在自我制造压力，大部分压力是毫无必要的。如果你不相信，请看下面关于忧虑的数字：

人们担忧的事情有40%永远不会发生；

30%的忧虑涉及过去作出的决定，是无法改变的；

12%的忧虑集中于别人出于自卑感而对他人作出的批评；

10%的忧虑与健康有关，而越担忧问题就越严重；

8%的忧虑可以列入“合理”范围。

资料链接

压力认知应对方式小测试

找出去年你所经历的压力非常大的个人危机或生活事件。事件越近，测试效果越好。回忆你是如何处理的。阅读下面的话，挑出描述你如何处理事件的句子。在自己认为适用的序号前面打“√”。

____ 1.努力去看事情的积极面。

_____ 2.退后一步并客观评估处境。

_____ 3.用祈祷来寻找指导和力量。

_____ 4.生气或沮丧时，对他人发泄自己的感情。

_____ 5.使自己忙于其他事情，以便忘却。

_____ 6.认为事情会自己找到出路，决定不再担忧这件事。

_____ 7.尝试每次向前一步。

_____ 8.寻找解决问题的不同方案。

_____ 9.回忆自己以前如何应对类似的情况，用这个经验来帮助解决问题。

_____10.与朋友或亲戚商讨解决办法。

_____ 11.向专业人士求助，比如医生、老师、律师或者长辈。

_____ 12.通过采取行动来解决问题。

注：前面的6道题是情绪导向方式，后面的6道题是问题认知导向方式。

三、积极调整心态，增强心理健康调适能力

心理健康调适能力对领导干部的事业发展、生活幸福、人际关系具有很重要的作用。增进领导干部心理健康调适能力主要关注以下几个方面。

（一）调整对待现实的心态

心理学家研究了成功者的10种心理品质：现实的自我觉察，现实的自我尊重，现实的自我控制，现实的自我动机，现实的自我期望，现实

的自我意想，现实的自我觉察调节，现实的自我修炼，现实的自我范围，现实的自我投射。因此，要正确地面对客观现实，承认并接受现实选择。许多人对现实生活的认识是肤浅的，当主观愿望与现实的要求发生冲突时，更多的是埋怨现实、误解现实。有这样一则印度寓言：沙漠中两个人面对一杯喝了一半的水，一个人说："我已经喝掉了半杯水。"另一个人说："我还有半杯水没喝。"前者的话语中，透露出的是无奈和苦涩，而后者的话语中则充满了希望。人到中年，恰似那半杯水。既然剩下的那半杯水迟早要喝干，是满怀愁绪、恋恋不舍地缅怀已喝掉的那半杯水，还是以快乐的心态去计划该如何享受剩下的半杯水，答案就在每个人自己的手中。可是，有不少中年管理人员在面对自己所处的地位和境遇时，常常是以前者的心态来应对的。

（二）调整对待自我的心态

认识自己的能力越强的人自我认知能力越高，能够接受他人批评的人的心胸是很宽广的，心理体验是比较明朗的。一个人如果连别人的批评都听不进去，那么这个人就容易自我封闭，造成心理世界得不到有效的互动。在对待自我意识方面，主要有5种类型的心态：一是自我肯定型，评价认识自己很客观，自己肯定自己，自信心很强，很乐观，心理世界很完整，这种人占85%。二是自我否定型，过

延伸阅读

2008年北京奥运会唯一外籍火炬手——美籍探险家哈奇，他曾是美国一家知名电视媒体的工作者，35岁时身患绝症，他通过骑自行车对抗病魔，目前已实现环球骑行4次。如今70岁的哈奇在中国骑行的4年中，一直致力于社会救助事业和倡导绿色环保的低碳生活。他由青藏线进入西藏，全程4800公里，成为世界上第一个骑行到珠峰的高龄骑手。许多人认为，对于一个70岁的老人来说，每天清晨，半躺在沙发上享受美味，或坐在铺满阳光的院子里，等待孩子送来一杯牛奶，可谓幸福。"……而我却是个例外，我的幸福在西藏泥泞的土石路上，在头痛欲裂的高原反应中，在藏族孩子的琅琅读书声里，在气喘吁吁地登上海拔5000多米的山口看群山跌宕，风光无限……"哈奇对待现实的积极态度改变了他的人生。

于被现实所压迫，无限夸大挫折和失败，否定自己的理想，否定自己的工作事业，否定自己的存在。三是自我矛盾型，一会儿觉得很有理想，一会儿又觉得这个理想太远大，在理想和现实中左右徘徊。四是自我混乱型，这种人要么目标太远大，成了不切实际的幻想，总是沉浸在幻想当中，自我安慰、自我陶醉地打发日子，要么就陷入低落情绪当中。五是自我萎缩型，不想干活，害怕出事，不想创造，浑浑噩噩度日。

（三）调整对待工作的心态

一是积极面对压力，要能把压力变成动力。一个人对于工作如果能够胜任就会很快乐，不能胜任就会感到痛苦。这时，要学会分析原因，学会学习，把压力变成动力，把工作中遇到的难处、不顺心的事情和矛盾变成自己克服难关的一个新挑战。

二是泰然面对挫折，失意但决不失态。人生百年，要面对很多挫折，在挫折面前虽然失意但不能失态，失意表示暂时受到一些冷落，一旦失态的话就说明自己心理的承受能力需要加强。

三是认真面对责任，能做好就尽量去做好。工作责任心太差往往造成各种各样的挫折，最后导致心理很困惑，因此要认真面对责任，能做好就尽量去做好。尽管不一定非要做得那么尽善尽美，但是一定要做到无愧于心，一定要做到尽心尽力。

四是坦然面对荣誉，保持平常心。当工作小有成绩得到表扬时，一颗宁静的平常心更加珍贵，荣誉都是短暂的、都会过去，平常人生才是常态，只有在平常中才能见到自己真正的品质，才能清楚自己哪些方面是最宝贵的。

五是冷眼面对诱惑，不属于自己的那份额外利益是危险的。对于外界的诱惑我们要深刻领悟老子那句话——“五色令人目盲，五音令人耳聋”。要防止自己不能很好地鉴别五彩斑斓的颜色，看不清哪种才是真正美好的景色。

（四）调整对待他人的心态

心理健康的人乐于与人交往，不仅能接受自我，也能接受他人，悦纳他人，能认可别人存在的重要性和作用。人的交往活动能反映人的心理健康状态，人与人之间正常的友好的交往不仅是维持心理健康的必备条件，也是获得心理健康的重要方法。

资料链接

著名心理学家马斯洛提出，心理健康的人在对待自己和他人上，具备15个方面的“自我实现型人格”特质。

1. 对现实有卓越的洞察力并能和现实保持适宜的关系。

2. 对自我、他人和客观事物表现出最大限度的认可和接纳。

3. 行为方式自然真实地流露，表现出朴实、纯真的美德。

4. 以问题为中心，而不是以自我为中心，视野宽阔，常常关注各种社会问题。

5. 具有超然独立的特性和独处的需要。

6. 意志自由，不受文化和环境的限制、约束。

7. 具有清新不逊的鉴赏力。

8. 能够产生某种神圣意义上的神秘体验或高峰体验。

9. 对人类的认同、同情与关爱。

10. 拥有持久而纯粹的朋友关系。

11. 具有强烈的民主精神。

12. 具有强烈的道德感，决不为达到某种个人目的而不择手段。

13. 具有哲理的和完善的幽默感。

14. 具有创造革新的思想和能力。

15. 具有抵制和批判现存的不合理和不完善的社会文化的精神。

（五）调整对待情绪反应的心态

人们在感到痛苦时，常从3个方面获得安慰：大自然、社会和朋友。每个人可据自己的个性、爱好或习惯形成自己的心理保健方法。

资料链接

心理学家给出的达到最佳健康状态的10个处方

1. 有规律地进行锻炼。

2. 保持饮食的营养平衡。

3. 保持适当的稳定的体重。

4. 确保每天7～8小时的睡眠时间。

5. 每天都要适当休息和进行放松。

6. 有安全意识，如开车系好安全带。

7. 烟不沾，酒适量。

8. 性行为正常。

9. 定期检查身体和牙齿。

10. 保持乐观的情绪，发展友谊。

常用的情绪心理保健有如下几个方法。

宣泄。宣泄法不是哭闹打斗，它包括外在宣泄和内在宣泄，主要是对情绪进行疏导，让心理逐渐归于平静。内在的宣泄有自我暗示、想象等，外在的宣泄就是运动，比如登山、划船、健身、打球、游泳等，这些宣泄与体力活动有关，希望领导干部有时间多锻炼身体。做任何事情应该是心情愉快地做，如果心情烦躁去做这件事情，效果就不一定好了。只有心情愉快地做自己喜欢的事情，这样的宣泄才是有益身心健康的。

投射。把不愉快的事情投到、联想到别的事情上去。当你遇到挫折、打击的时候，应该看看生活中还有比你遭受的挫折更多、更重的人，相比之下发现自己遭遇的这些挫折可以忽略不计，那么心理世界就可能得到安慰，这种投射办法效果比较好。

淡化。不要把任何事情看得太重，生活中我们该做的事情很多，人生经历的风雨也很多。遇到一些重大问题、重大挫折时尽量把它淡化，生活中有很多事情没有必要那么苛刻，可以放缓一下，放宽一下。

转移。对不愉快的事情进行转移，转移后会得到一些缓解。比如愤怒，专家研究愤怒一般不能超过5分钟，如果超过5五分钟可能产生不良的结果。有个实验报告发现，如果愤怒超过5分钟，血液里的化学成分会发生改变。用两组小白鼠做实验，在实验室里小白鼠没有受到外界的干扰，它的心理反应是一样的。这时科学家们创造出一种情景，一组

延伸阅读

八大情绪影响健康之谜

美国俄亥俄州立大学研究人员在已婚夫妇的手臂上安装能产生水泡的抽气装置（模拟伤口），并对他们进行测试；当他们被问及曾有不同意见并激烈争吵的问题时，“伤口”比正常情况下的康复速度慢了40%，这一反应是由会引起感染的细胞因子突然增多所致，如果该细胞因子水平长期偏高就会导致关节炎、糖尿病、心脏病和癌症。那么，哪些情绪对健康有影响，影响有多大呢？

坠入爱河（提高记忆力）：坠入爱河会使人在一年内神经因子水平处于增高状态，这一类似激素的物质会刺激新的脑细胞生长，有助于神经系统的恢复并增进记忆力。不过恋爱一年后神经生长因子水平会出现回落。

开怀大笑100次（相当于划船10分钟或踩单车15分钟）：笑声能使人卸去多余的压力，保护血管内壁，从而减轻心脏病发作的概率。当人大笑时，需要调动身体超过400块肌肉，因而还能有效消耗热量。有些研究人员估计，大笑100次相当于做了划船10分钟或踩单车15分钟的有

氧运动。

心怀感激（如同康复治疗）：类似爱、感激和满足这样的情感会刺激脑下垂体后叶激素的分泌，它会使神经系统放松，减轻压抑感，体内各组织的含氧量也会显著增加，就像经过了康复治疗一样。

动情而哭（释放体内压力）：动情而哭会伴随着压抑情绪分泌更多激素和神经传递素，可以使血压降低，脉搏变慢和其他同步的脑电波模式改变，所以动情而哭有助于去除体内压抑的化学成分。

常年压抑（升高胆固醇）：如果常年处于慢性压抑之中，血液中葡萄糖和脂肪酸的含量都会升高，患糖尿病和心脏病的风险自然也就大了。另外，压力还会使人体胆固醇水平上升，更易诱发心血管病。

沮丧（放大疼痛感）：当人处于沮丧、悲痛和冷漠状态时，体内的复合胺会偏低，复合胺能调节人对疼痛的感知能力，这也是为何45%有沮丧倾向的病人会有种种疼痛不适感。

嫉妒（混合三种坏情绪）：嫉妒是害怕、担心和愤怒情感的混合体，这三种情感会使人血压升高、心跳加快、肾上腺素分泌增多、免疫力变弱、焦虑甚至失眠。

发怒（伤“心”提高5倍）：一个人如果在对抗

人放在实验组里边，一组人放在对照组里边，对照组里边的人比较愉快，实验组里提供的是一种生气的环境。然后把两组人领到旷野当中对着雪堆呼气，把呼出的气体采集回实验室制成蒸馏水。把在愉快组里采集的蒸馏水注射到小白鼠身上，小白鼠没什么反应；把在愤怒组里采集的蒸馏水注射到小白鼠身上，小白鼠表现出“生气”行为，其中几只特别容易“生气”的在几分钟之后死亡。人一生气，血液里发生的化学反应会对人的身体产生不良影响，所以专家建议生气不要超过5分钟，远离生气的环境。实在离不开怎么办？专家给出一个转舌头法：舌头在嘴里转10圈，这样会缓解生气情绪。

升华。做有意义的工作、社交、创作等都有升华的作用。通过劳动，创造、忘我地工作，做自己感兴趣的事情，会让自己的情绪情感世界得到力量滋润，增强自己的身心健康。

资料链接

有学者研究，增加幸福的14条基本原则与我们的心理保健也有关系。

1.要活跃起来，保持忙碌。

2.扩大社交圈。

3.做有意思的工作。

4.条理化。

5. 不要焦虑。

6. 降低期望和渴望。

7. 积极乐观。

8. 关注当下。

9. 培养健康的个性。

10. 做一个外向、爱交往的人。

11. 做回自己。

12. 抛弃消极的感情。

13. 培养亲密的关系。

14. 幸福优先。

中压抑自己的怒气，其死于心脏病、中风的风险会提高2倍。怒火爆发之时，由于肾上腺素水平突然大幅升高，血压升高、心率加快，对超过50岁的人来说突发心脏病或中风的概率会高出5倍。

第三章 领导干部自我认知障碍冲突及其消解

自我认知障碍指的是对自己的行为特点、人格特点以及自己对他人、环境的作用和影响认识不够准确，影响了人际关系的和谐以及理想自我的构建。在现实工作中，自我认知障碍在对自我的态度和自我体验方面常常表现出不稳定状态，在发展顺利时，容易出现优越感和自负情绪，而一旦受到挫折，就怀疑、否定自己，产生自卑等情绪。认识和了解自我，及时消解各种认知心理障碍，努力使心理状态与客观环境达到平衡，对于保持和拥有健康积极心态，顺利开展工作是十分重要的。

一、领导干部自我认知障碍类型

在实际工作中，领导干部比较常见的自我认知障碍有以下几种。

一是唯我独尊型。领导干部在组织内担任一定的职务，掌握一定的权力。这种人民赋予的权力，本应是领导干部履行岗位职责，实现组织目标，为人民谋利益的手段，但由于个人素质和思想认识水平的差异，使得有的领导干部对权力的认识发生了偏移，在一定程度上出现了心理障碍。产生这种心理障碍除领导干部个人的因素外，还受到传统观念和“家长制”的影响。比如，有的领导干部以强权为核心原则考虑问题，恣意实施所谓“权力性影响”，倚仗强权手段，迫使下属屈服于自己，绝对服从自己的个人意志；有的领导干部以自我为中心，唯我独尊，把自己凌驾于被领导人之上，头脑中充满着等级观念、尊卑意识，虽然不倚仗强权手段，但强调权力的主体作用，一意孤行实施其领导行为，一旦取得领导绩效，便过分夸大领导干部的作用，始终有一种居高临下，甚至是“救世主”的心态；有的领导干部对其所作的决定和决策，只愿听赞同意见，不愿听反对意见，不愿意“纳谏”等。这些心态严重影响了领导干部的心理健康，人为地造成精神压力和心理负担，这对领导工作的顺利开展是极为不利的。

二是自我萎缩型。这类领导干部不求有功，但求无过。不是积极进取，努力实现人生抱负，而是消极等待，退缩保守，“熬”年头、“熬”资格、“熬”待遇，浑浑噩噩，以求得暂时满足。其特点是对现实自我的评价过低，理想自我与现实自我差距过大，心理上常处于一种消极防御状态。有的领导干部常常用自我安慰的办法来原谅自己，在一定程度上放弃理想目标；有的领导干部则表现为对新事物新变化态度冷漠，对外界变化无动于衷，自我认知处于消极状态。

三是自我混乱型。在现实与理想选择之间左右摇摆，失去自我认知能力。其特点是内心矛盾的强度大或延续时间长，新的自我久久不能确立，积极的自我难以产生，自我调节缺乏稳定性和确定性。这类领导干部动机冲突强烈，心理负荷较重。比如，有的领导干部虽以“淡泊以明志，宁静以致远”自省，以“穷则独善其身，达则兼善天下”自勉，以“天行健，君子以自强不息”自励，但是面对各种利益矛盾的纠葛，时时陷入情感与理智、个人与集体、索取与奉献的矛盾冲突之中。

四是自我膨胀型。出现认知偏差，失去自我判断分析能力。其特点是对现实自我过度高估，虚假的理想自我占优势，理想自我与现实自我是不统一的。这类领导干部的自我表现为自吹自擂、好大喜功、孤芳自赏、刚愎自用，严重者可能导致反社会甚至犯罪行为。

五是自我否定型。由于理想与现实相脱离，主观与客观不统一，只盯住“黑点”不放，过分纠结工作中的失误与缺点，造成自我否定。自我否定是一种有危害的消极心理现象，其特点是理想自我极度缺乏或丧失，对现实自我又深感不满，自卑心理严重，导致自我拒绝的心理，甚至出现理想自我与现实自我的对抗。这类干部虽是少数，但严重者可以导致精神分裂或因绝望而轻生，必须认真对待。

二、领导干部自我认知矛盾冲突的根源

领导干部心理成熟水平提高的过程，是在领导实践活动中不断丰富自己的学识，不断调整和改变自己思想行为模式的过程，也是使个体行为服从组织目标并自觉地调节、控制自己思想行为活动的过程，即理想自我与现实自我在新的水平达到相对平衡，进而稳定发展的过程。领导干部自我认知矛盾冲突产生的根源主要表现有以下几个方面。

（一）组织需要与个人选择的冲突

领导干部是组织当中的人，也就是俗话说的“公家的人”。作为公众人物，领导干部的岗位选择要符合组织要求，符合组织规范，也就是说，组织的要求是第一位的，个人的选择是第二位的。正因为如此，当组织需要调整工作岗位时，领导干部总是无条件地服从党和组织的安排，严格执行组织纪律，这是对领导干部的基本要求。但对于领导干部

自身而言，在组织需要与个人需要之间存在很多冲突。有时候个人愿望未必是组织所能满足的，组织上的安排也未必是个人需要的。尽管许多领导干部党性观念强，能够服从大局，以组织利益为重，但也面临着组织召唤与个人愿望之间的矛盾冲突，有时还比较激烈。比如，现在组织、纪检、公安、外事等许多重要岗位需要异地任职，有时交流干部长年累月身在异乡，远离亲人。从个人愿望上讲，许多干部也希望能够早日回到自己的亲人身边享受天伦之乐，也希望有机会在工作环境、条件、待遇相对好一些的部门或单位任职，这都是人之常情。但毕竟自己是领导干部，是党多年培养教育的人，许多人在“为大家”和“顾小家”之间虽然有不同想法，但是在选择态度上还是坚持党和国家利益至上，组织需要第一、群众百姓安危第一，这种心理愿望上的矛盾冲突，丰富着领导干部的情感世界，考验着领导干部的责任与忠诚。为此，各级党组织要多理解干部个人的心理愿望冲突，在组织安排和个人需要之间尽量多考虑一些干部的实际需要，既要给领导干部提供干事创业的岗位平台，也要从激励保障措施上着眼，指导并帮助领导干部消除后顾之忧，使他们心情愉快地放手工作，尽量减少组织安排与个人需要之间的矛盾冲突。

（二）社会期望与实际贡献的冲突

在领导干部身上既体现着组织的要求，又承载着社会的期待。领导形象不是给自己看的，更多的是获得社会公众的认可。维护领导形象，满足社会期待，是领导干部始终关注的话题。要满足社会期待，需要德才兼备，树立风范；需要政绩突出，成就显著；更需要勤政为民，为公众所信赖。要做到德才兼备，要严格要求自己，在思想品德上不能放松，同时，要善于学习，具有一定的文化知识水平和分析问题解决问题的能力；要做到政绩突出，要具备事业心和责任感，努力做到为官一任，造福一方；要勤政为民，为公众所信赖，就要具备实干吃苦精神，不能贪图享乐，做损害群众利益的事情。但是，从领导干部自身来说，也存在着社会期待很高与自身实际贡献不够的情况。有的领导干部虽然勤奋努力，工作积极性高，但由于工作思路以及方法经验上的局限，工作效果并不理想，不但造成工作上的挫折，还引起下属和群众的误解；有的领导干部忽视社会对自己的期待，不注意维护领导干部的良好形象，不关心群众疾苦，热衷于面子工程，失去群众支持；有的领导干部严重脱离群众，贪图享受，玩弄权力，与民争利，成为社会负面形象等。社会期待与实际贡献的不一致，往往是造成领导干部威信下降，甚至是党群、干群关系紧张的一个重要因素。为此，作为领导干部，既要对组织负责，更要对群众负责，要多倾听群众呼声，时刻关注民生疾苦，积极维护群众利益，把社会期待化作自我激励、勤奋努力、积极有为的动力。

（三）目标定位与现实利益的冲突

人生的目标选择与事业发展密切相关。领导干部应当是关注并投身事业的人，拥有坚定的人生信仰与奋斗目标。但在目标选择中，会与利益追求和价值判断发生冲突与矛盾。目标定位太高，如果没有实现，会有挫折失落感；目标定位太低或没有目标，就失去了奋斗动力，也不可能取得事业上的成功。究竟确定什么样的发展目标，如何看待自己的努力奋斗，对于一个领导干部的成长来说非常重要。有的领导干部对自己的目标定位比较清楚，不求闻达于天下，但愿无愧于内心，在事业目标选择上符合实际，当发展目标与现实利益发生冲突的时候，能够使利益矛盾服从于目标选择，并围绕目标坚持不懈；有的领导干部自我认识比较模糊，在眼前利益诱惑下会动摇自己的人生目标，容易放弃自己的追求，陷入困惑苦闷当中；还有的领导干部只顾满足眼前利益，动辄放弃目标追求，甚至怀疑生命的价值和意义，导致自我怀疑和自我否定，甚至导致心理危机。

（四）人际交往中的冲突

良好的人际关系是领导干部交往心理的基本需要。从自我认知方面来讲，人际交往有助于增强个人自信心，提升个人影响力。许多领导干部有很强的交往意识和人际洞察能力，这是做好领导工作必须掌握的一项重要技能。几乎每一个领导干部都希望有追随者和拥护者，希望得到人际支持和信赖，这也是领导取得成功的重要力量。但在人际交往中，有的领导干部却为表面的人际关系所累，为复杂的人际关系纠缠苦恼，甚至陷入更加孤独的负面情绪之中。应当承认，领导干部具有独特的人脉资源优势，领导岗位本身就为领导交往活动提供了特殊条件。有的领导干部在位时间长，有的领导干部岗位重要，这都为他们创造了特殊的人际交往环境。可这仅是表面现象，在人际关系背后，也存在着一系列心理困惑与矛盾。主要表现在领导的人际关系多是在现任岗位上产生的，一旦岗位发生了变化，人际关系自然跟着变化，最明显的是退休之后，那时人际关系的“协奏曲”可能会成为“咏叹调”，有的领导会因此出现严重心理落差。有的领导追求人际关系的表面效应，虽然应酬很多，但相互间缺乏真诚深入的感情交流，未免感觉孤单失落；还有的领导对人际关系缺乏深入的了解，在庸俗的人际关系中被“朋友”拖下水。因此，如何在人际交往中彼此信任、坦诚交往，如何保持平常心，如何与同事合作共识，如何正确处理人际关系中的困惑与矛盾，这些都是衡量领导自我认知能力水平的重要方面。

三、提升自我认知能力的途径办法

自我认知是自我调节和人格完善的重要前提。如果一个人不能正确地认识自我，看不到自我的优点，觉得处处不如别人，就会自卑，丧失信心；相反，如果一个人过高地估计自己，会骄傲自大、盲目乐观，导致工作的失误。因此，恰当地认识自我，实事求是地评价自己，提高自我认知能力，对于一个人的发展至关重要。

（一）客观观察，找准位置

要想取得发展，定位很重要，只有定好位才能找准方向，才能做出正确选择，进而有所作为。每个人都在社会系统中处于一定的位置，按照位置特点扮演角色，围绕自己的目标做出行为选择。领导干部也不例外，领导干部的定位对于找准发展方向，减少挫折失误至关重要。善于客观观察，准确定位，要学会“三看”：一看职责认同度。领导干部的自我认知心理成熟水平，首先表现在如何看待自己所处的岗位职责，岗位的性质是什么，胜任岗位需要具备什么知识、需要具备什么能力等。这些直接影响着领导干部在岗位上的工作表现力。只有在对岗位职责深刻理解并高度认同的基础上，才能找准位置，更好地扮演领导角色。二看自己的工作态度。工作积极性源于对职业的理解与热爱。领导干部是否爱岗敬业，首先要看自己对事业是否真诚热爱。领导岗位是领导事业发展的基石，“有位”才能“有为”，而“有为”的关键在于是否“有爱”。“爱”讲究的是责任心，关注的是热情与投入，推崇的是奉献精神。有了深切的关爱态度，领导干部必然焕发出旺盛的工作热情，就会对自己的岗位倍加珍惜，对组织未来的发展充满信心与期待，也对自己的下属和群众愈加关爱，就能拥有更多的追随者和拥护者。三看自己是否有能力。领导绝不是无能之辈，即便是那些能力看起来一般的领导，在他身边少不了“能者相助”。所谓“一个好汉三个帮”“众人拾柴火焰高”就是这个道理。有时候，领导干部的“德”本身也是一种“能”，是一种能够让大家聚集起来共创辉煌的“能量体”。找准位置，需要提升领导正确看待自己能力水平的观察判断力。领导是始终冲锋在前的人，是带领大家攻坚克难的人。为此，找准位置既要从客观环境往外看，更要透过责任要求往内看，要内外结合，才能准确定位。

（二）认知价值，树立威信

价值目标是事业追求的内在驱动力。从价值取向上来看，领导干部的价值取向主要表现在以下几个层面。

一是生命价值的认知。也就是说，如何活得有意义，活得有价值，活得有尊严，得到别人的尊敬爱戴。人的生命价值虽然具有个体属性，但更多体现在社会属性和历史属性上。领导干部的“活着”不只是为自己，更多的是如何让“别人活得更好”。既要对自己负责，更要对社会负责、对历史负责，也就是要把有限的生命与无限的事业追求结合起来。因此，在对生命价值认知上，领导除了关注个体生命，还要考虑延续自己的政治生命。领导干部的政治理念、政治抱负、精神信仰、政治力量等是领导生命价值的重要组成部分。一个领导的生命价值如果不能与国家、民族的命运融为一体，不能与群众百姓的生活利益息息相关，就等于在事业发展上失败了。

二是经济价值的认知。如何看待财富，如何看待金钱，衡量着领导干部的人生品格与职业道德。社会心理学研究告诉人们，成功人士的一个重要特点是重成就、轻金钱，重精神需要的追求、轻物质利益的满足。

如果把金钱作为衡量人生价值的尺度，就会陷入“金钱至上”的陷阱，必然腐蚀人的灵魂，变成金钱的奴隶。许多的贪官污吏之所以“中箭落马”，被人唾弃，一个重要原因是为物所累、为钱所害。因此，领导干部更要重视精神层面的无形价值。领导干部的自我形象、领导干部的精神追求比金钱更加宝贵。“金杯银杯不如老百姓的口碑”就是这种精神追求的写照。

三是权力的认知。权力是领导发挥影响力的一个重要因素。但拥有权力并不能证明个人事业上的成功，关键是如何对待和使用权力。有的领导干部把拥有权力作为人生追求的最大目标，为得到权力不择手段，出现行贿受贿、跑官要官、以权谋私等种种腐败违纪现象，最终遭受牢狱之灾。其实，权力本身并没有过错，是对待权力以及掌握权力的人出现了严重问题。权力犹如一把双刃剑，如果不能正确对待权力，必为权力所伤。正确的态度应当是权力与责任要一致，有权更要尽责，珍惜名誉比得到权力更加重要。

（三）悦纳自我，增强自信

积极悦纳自我是形成正确自我认知的核心。有作为、有影响力的领导干部总是在充分肯定并悦纳自我的同时，积极追求自我完善。悦纳自我就是要坦然地接受自己的一切，无论是好的还是坏的、成功的或失败的。要平静而理智地对待自己的长短优劣，要乐观开朗，以发展的眼光看待自己；既不消极回避自身的现状，自欺欺人，也不以哀怨、自责甚至厌恶的态度否定自己。肯定自我建立在对自我充分了解的基础上，领导干部要对自己的需要、愿望、能力、知识以及性格、品德有一个比较客观全面的认识，在自我悦纳中培养自信、自立、自强、自主的精神品质，从而发展自我、完善自我。积极肯定自我、悦纳自我，需要注意从多个角度、多个侧面来客观评价自我。一方面，要进行纵向比较，将现实的自我和理想的自我作比较，看到自己的不足；要将今天的自我与过去的自我作对照，看到自己的进步。另一方面，要进行横向比较，与超过自己的、与自己相似的、比自己稍差的人作比较。要将上述各个方面获得的信息综合分析，以获得较为客观的自我评价。在肯定、悦纳自我中要注意克服自我欣赏或妄自菲薄的不良心理倾向，更要防止和矫正在个别领导干部身上存在的狂妄固执、过度自恋等心理障碍。

（四）自我激励，自我控制

自我认知的一个重要作用就是实现领导干部的自我激励。一个人的成长进步，光有“他励”是不够的，“他励”只是一种外力，而真正起关键作用的应当是“自励”。在平常工作中，有的领导干部自加压力，采用压力激励的办法鼓舞自己的斗志，使自己在困难和压力面前知难而进，奋勇向前。有的以事业发展目标激励自己，使自己的行为始终与目标保持一致。“自励”与事业心、进取心密切相关。一个事业心强的领导干部，总是怀有远大目标和坚定志向，严格要求自己；一个进取心强的领导干部，总是不满足于现状，不断追求自我突破。

自我控制是指个人积极主动、定向地改变自我观念、态度、习惯与行为的心理作用过程。能够自励的人，一般是自我控制力强的人。对自我的有效监督和控制，离不开激励的力量。只有有效的激励才能起到对自我的有效控制作用。具体来讲，自我激励与自我控制需要从自珍、自重、自省、自警4个方面努力。一是自珍。珍惜自己的人生选择，珍惜自己获得的业绩成就，珍惜自己的价值追求，珍惜职业生涯的宝贵岁月。二是自重。尊重自己的人格，尊重自己的名誉，在工作中要重感情，更要讲原则，言谈举止与自己的身份相吻合。在人际交往中，既要尊重别人，又要维护自我人格尊严。在领导工作中分清是非曲直，既要拿得起，又能放得下，为人公正无私，处事光明磊落。三是自省。养成“吾日三省吾身”的习惯，经常反思自己的言行，及时发现并改正缺点错误，虚心接受别人的批评，赢得下属和群众的支持与信赖。四是自警。自警就是自己警示和告诫自己。自警有两种方式，一种是警告提醒自己不要违背政治原则和职业道德，另一种是拿别人的经验教训来警示自己不要重蹈覆辙。这两种自警方式，对于一个领导干部提升自我认知能力都是需要的。

（五）善结人缘，寻求帮助

唐太宗李世民曾经说：“以铜为镜，可以正衣冠；以古为镜，可以知兴替；以人为镜，可以明得失。”正是因为人无法完全做到自知，还是需要借助别人的帮助来了解自己。赛－妮可·乔妮（Saj-Nicole A. Joni）在《第三意见》（*The Third Opinion*）一书中指出，现代领导需要懂得找寻适当的专家、顾问或导师，和他们建立情谊，并善用这些人的智慧和协助。知名企业顾问理查德·科克（Richard Koch），在他的畅销书《80/20法则》（*The 80/20 Principle*）中建议读者，可以试着拟一份“盟友名单”，这些人是你需要重视的人，是你最重要的人际关系。科克指出，拟出“盟友名单”后，要设法和他们建立5种属性的关系：“喜欢对方”“互相尊重”“分享经验”“有福同享”“互相信赖”。当建立了这些关系，这些盟友就成为你的潜在贵人。“他们能适时地提供你所需的帮助，与你一起谋求共同利益。”因此，领导干部提升自我认知能力，还需要善结人缘，通过身边的同事、朋友、群众和家属亲人经常提醒自己，劝诫自己，帮助指导自己，注意倾听各个层面的声音，及时调整自己的认知偏差，使自己的认识更加客观全面。

第四章 领导干部要善于化解情绪心理危机

建设一支高素质专业化的干部队伍，既要信念坚定、勤政为民、清正廉洁，也要意志顽强、奋发向上、身心健康。在领导干部队伍中我们不难看到，有的人满腔热情、精神抖擞、不畏艰难、充满信心，有的人却百般愁绪、压抑痛苦、精神萎靡，陷入心理危机中难以自拔。同样一个工作岗位，有的心态积极、轻松上阵，有的失意伤感、郁郁寡欢。领导干部之所以有这些不同的精神状态，不是职位高低和待遇好坏的问题，根本原因在于心理和情绪。如何获得领导岗位上的成就感，获得职业生涯中的幸福感，需要从应对心理危机入手，致力于提升领导干部的心理健康水平。

一、心理危机本质上是情绪危机

心理学研究认为，当人们遭遇重大问题或变化，感到难以解决、难以把握时，平衡就会被打破，正常的生活受到干扰，内心的紧张不断积蓄，继而出现无所适从甚至思维和行为的紊乱，进入一种失衡状态，这就是情绪危机状态。情绪危机会引起混乱、不安，继而引发诸多身心障碍。

（一）情绪的属性特征

情绪是指人们在心理活动过程中对客观事物的态度和体验。

在情绪活动中存在明显的两极对立特征。良好的情绪可以催人奋进，有益于身心健康；而情绪消极就会失去心理平衡，让人丧失生活信心。现代心理学和神经科学的研究表明，具有积极情绪的医生作出明智且富有创造性的诊断的概率几乎是具有中性情绪医生的3倍，而且速度要比后者快19%；乐观的销售人员的业绩要比悲观的同行高出56%；在考前心情愉快的考生成绩要远远高于心情低落的考生成绩。美国心理学家肖恩·埃科尔曾说："当我们更快乐、更积极时，我们会变得更成功。我们的大脑表现最好的时刻绝不是消极悲观或心静如水的时候，而是被积极情绪包围时。然而具有讽刺意味的是，我们至今还常常牺牲快乐来换取成功，结果降低了成功的概率。野心勃勃让我们压力倍增，深陷不惜代价获得成功的泥潭。"生活中的心理学也告诉人们，当人处于沮丧、悲痛和冷漠状态时，体内的复合胺会偏低，复合胺能调节人对疼痛的感知能力，这也是45%有沮丧倾向的病人会有种种疼痛不适感的原因。

（二）情绪能治病，也能致病

《黄帝内经》告诫世人："怒伤肝，喜伤心，悲伤肺，忧思伤脾，惊恐伤肾，百病皆生于气。"这个"气"就是情绪状态。现代医学心理学研究表明，不良情绪会使人意识范围狭窄，严重者将导致失去正常的判断能力，负面情绪还会损害人体免疫系统。曾有国外学者选取405位重症患者作为研究对象，发现其中的292人（占总数的72%）有过早年的情绪危机，而正常人中只有10%有过类似的情感创伤。《中国党政干部论坛》杂志对全国100多名领导干部的心理健康问题调查发现，有80%以上的领导干部特别是基层干部普遍存在较大的心理压力，存在不同程度的心理不平衡、心理疲劳及心理压抑。有专家学者通过对2009—2016年间干部自杀的归因分析，在109个样本中“压力抑郁型”占44.0%，“悲观厌世型”占17.4%，还有“自我反抗型”占11.0%。由此可见，情绪上的抑郁心理问题是造成干部自杀行为的首因。

研究资料表明，人的寿命可达110岁以上，甚至高达160岁。但现实中真正能活到100岁以上的人却很少，多数人的寿命在70～80岁。为什么没有达到长寿的预期结果？不是因为生活苦累和经济拮据，而是因为经常遭受到“感情损伤”。心理学研究发现：一个人在大发雷霆时，身体产生的压力激素，足以让小白鼠致死。因此“压力激素”又称“毒性激素”。《黄帝内经》也说道：“百病生于气也。怒则气上，喜则气缓，悲则气结，惊则气乱，劳则气耗……”所以医病先医“心”。现代医学发现：癌症、动脉硬化、高血压等，人类50%～80%的疾病与心理的压抑感有关。因此，这类病被称为心身性疾病。人如果整天焦躁不安、发怒、紧张等，令压力激素水平长时间居高不下，人体的免疫系统将受到抑制和摧毁，心血管系统也会由于长期过劳而变得格外脆弱。在现实生活中，人们经常谈论所谓“癌症性格”，那些具有一些性格特质（比如神经质、易怒、悲观或是孤僻）的人群更容易成为癌魔狩猎

延伸阅读

2018年10月12日，《生命时报》头版刊发了中国科学院院士、北京大学第六医院院长陆林撰写的文章《心理健康应排首位》。陆林院士结合自己30年从医经验，畅谈了对国人精神心理健康的观察和思考，给大家提出了5条建议：一是把心理健康排在首位。一个人哪怕躯体存在残障，但只要精神心理健康，就能摆脱痛苦，活得有价值、有意义。相反，即使身体健全，物质生活丰富，但天天焦虑抑郁，生活质量也会大打折扣。二是一老一小要关注。儿童、青少年和老年人是精神心理疾病的高发人群，应引起重视。尤其需要注意的是，儿童、青少年大脑发育还不健全、自控力较差，应谨防游戏成瘾这一精神心理疾病。老年人要面对退休后社会角色的转变，空巢家庭甚至配偶去世后的孤独生活，还有慢性病对心理的考验，这些都使他们更易患病。三

的对象，而开朗乐观则有助于预防和治疗癌症。因为人在快乐的时候，大脑会分泌多巴胺等“益性激素”。“益性激素”让人心绪放松，产生快感，这种身心都很舒服的良好状态，可使人体各机能互相协调、平衡，促进机体康复。

现实生活中，我们很多人每天都在努力追求自己的目标。领导干部怀揣梦想，走上仕途，干事创业，希望做更多的事情，拥有更大的成就。有梦想是好事，但需要长期积累，脚踏实地，始终保持良好的精神状态。在社会上，有人当将军，有人做士兵；有人当市长，有人当乡镇基层干部；有人当金融家，有人做餐厅服务员……大家应理性认识自己，找到适合自己的位置，身心愉快地开展工作。我们也不时发现有的干部或多或少存在着一些心理问题，有的程度还比较严重，直接影响到身心健康的方方面面。领导干部和普通人一样，总是在情绪氛围中工作和生活。以积极的情绪状态面对挑战和压力，对于维护身心健康、增进领导效能至关重要。

二、负面情绪要消解

情绪需要在各种变化中保持一个平衡状态。若总是犹如钟摆一样摇摆不定、大起大落，时而高涨时而低落，处于失调失衡状态，就会造成“感情损伤”。当负面情绪积累到一定程度，出现“过劳”情

是勇于选择，敢于放弃。当自身条件不足以支持一个选择时，要学会勇于放弃。如果不考虑自身情况，存在不切实际的幻想，好高骛远，只能增加更多的心理压力。四是身心健康密不可分。文章强调，临床上有20%左右的疾病是由心理问题导致的，但很多都被当成了躯体疾病来治。忽视病人内心的症结，最终导致无效治疗和医疗资源的浪费。五是多些关爱少些非议。陆林院士曾经遇到一位患者，前前后后在医院看了两年病，状态恢复得不错，已经不用吃药了，但由于压力很大，工作匆忙，没有时间休息和运动，身心状态又不好了。为此，陆林希望读者认真思考，在发展成就欲望与个人能力及现实需要之间如何找到平衡点，保持愉快稳定的情绪状态，这一点非常重要。

形，会造成生理代谢紊乱、免疫功能降低。在此，应当强调的是，情绪具有积极乐观与消极抑郁、热情与冷漠、放松与焦虑、淡定与暴怒、成功与挫折等两极现象，这些现象之间的变化是有密切联系的。一旦负面情绪占主导地位，减弱了积极情绪的功能反应，就会失去心理平衡，导致各种身心疾病的产生。

（一）负面情况的表现

当下，领导干部情绪心理问题及障碍主要表现在如下方面。

一是焦虑烦躁。焦虑是一种持续的忐忑不安、紧张困惑的情绪反应。主要表现为身心疲惫、着急上火、心神不宁、紧张烦躁、失眠多梦或疲劳健忘等状况。由于工作上疲于应付，生活上压力重重，人际关系上复杂多变，人容易陷入焦虑、抑郁情绪之中。调查发现，基层干部出现焦虑的现象明显增多，有50%以上的人受到焦虑情绪的困扰。在基层领导干部中普遍存在"两怕"：一怕考核、评比、检查多，经常感到身心疲惫；二怕因基层事权与责权不匹配等原因，无法完成任务而被追责。如果再缺少各方关爱，就容易产生焦虑、愤懑、抑郁等心理问题。一些具有"心病"的领导干部，长期睡眠障碍，需要借助药物来缓解压力。心理压力大情绪烦躁，内心不愿承认，态度行为上也消极躲避，甚至刻意隐瞒病情，往往导致心理疾病的产生。

二是抑郁苦闷。抑郁是一种很复杂的情绪，是痛苦、愤怒、焦虑、悲哀、自责、羞愧、冷漠等情绪复合的结果。它是一种广泛存在的负面情绪，又是一种特殊的正常情绪。当抑郁超过了正常界限就畸变为抑郁症，成了病态心理。由于每个人的心理素质不同，抑郁有时间长短、程度强弱之分。抑郁心态也是可以调整的。从深层看，如果能积极而正确地对待，抑郁会升华出精明又清醒的生存智慧，这无疑更有深度和力量。

当人们在工作、生活中遇到各种打击、挫折和痛苦时，会非常自然地产生抑郁苦闷的情绪，产生这样那样的消极认知的思维定式。比如，不爱说话，不想见人，觉得大家都跟自己过不去，觉得自己怎么那么倒霉，等等。整体上表现为对自己的消极看法、对当前的消极体验、对未来的消极预测。抑郁症严重的能够改变大脑生化结构，导致大脑里主管积极思维的细胞被抑制住，消极思维占上风，想什么事情都是悲观的。抑郁症患者因长时间被负面情绪左右，深陷其中难以自拔，内心无比痛苦。有的存在各种认知障碍：别人看自己挺好的，但是自己觉得一无是处，活着就是负担，失去自我调节的信心和能力。中国科学院心理研究所发布的一项调查统计数据表明：自2009年至2016年，全国有超过240名干部因各种因素非正常死亡，其中约半数被明确诊断为抑郁症。可见，抑郁情绪对干部的身心危害是很严重的。

三是孤独冷漠。孤独是一种很正常的心理感受，每个人都有孤独感，就像体会喜怒哀乐一样，是人们生命中都会体会到的感受。一个人即使置身于繁华的环境或热闹的人群中，如果没有存在感及价值感依然会感受到孤独。冷漠往往与孤独相伴相生，是一种对他人感到冷淡、漠然的情绪，冷漠的人会对别人抱有戒心甚至敌对情绪，对他人的不幸无动于衷、冷眼旁观，表现得毫无同情心。心理学家认为，之所以孤独感会产生，首先是重要社会支持力量的缺失。一个人真正所需要的社会支持是与自己的内心需要相匹配的社会互助关系。不同的人有着不同的需求类型，有的人看重亲情，有的人看重利益关系等。

四是睡眠障碍及躯体不适症状和疑病倾向。由于持续的焦虑、紧张、生活规律的紊乱，严重时会出现失眠，难以入睡、夜间易醒、多梦。有时候醒得太早，晨起感到没睡够，困意浓浓，白天上班头脑不清醒，浑身不适等。经常性的失眠会造成严重的身心障碍。比如，头痛、头晕、胸闷、气短、心慌、胸痛、疲乏无力等，使自己备感紧张痛苦。有的人无端怀疑自己身心状况，总觉得自己哪里不正常或有严重疾病，尤其是当工作闲下来或自己独处时，这种身心不适感会更加明显。

（二）影响情绪健康的原因

人最复杂的是心理世界，最精彩的是情绪变化，既有充满欢歌笑语的欢快与轻松，也有郁闷忧愁的伤感与沉重。情绪心理是外界刺激的主观心理反应，影响领导干部情绪健康的原因有很多，归纳起来主要有如下几个方面。

一是身心不协调。身心健康是一种动态平衡的状态，个人身心健康状态会在一定范围内不断上下波动。当外在压力过大，超过人的心理承受能力时，往往会诱发身心失调。我们常常能看到，当有的人极度烦恼或承受着极大的压力时，会不自觉地出现反常的思想和行为。如果说外在压力是造成身心失调的外因，那么性格缺陷就是身心失调的内因。性格是一个人对事物的稳定态度和与其相适应的稳定行为方式。性格是人的心理行为的基础，是影响人的身心健康的关键因素之一。

二是缺失社会情感支持。情感是认知的先导。人活在社会关系中，喜怒哀乐无不露之于表，形之于色，背后其实是人的情绪和情感。心理学家马斯洛提出人的需求层次论，认为人的需求从低级到高级依次是：生理需求、安全需求、社交需求、尊重需求和自我实现需求。我们看到，除生理需求外，其余的都是社会性的需求，都需要通过人与人之间的互动关系来满足和实现。领导干部的情绪心理危机多数与社会心理需要是否得到满足有关。从环境习惯上看，正常情况下，人对环境刺激的反应是一个自动稳定的平衡机制：心理平衡—在外界刺激下暂时失衡—恢复平衡。但是在某些情况下，这种平衡被打破后，一时很难自动恢复新的平衡，种种心理障碍就产生了。所以说，从心理健康的角度看，我们要适应外界环境的刺激，善于调适自己的生理和心理变化，积极地处理应对应激心理。

三是认知感受偏差。领导干部走上领导岗位后，多数已是人到中年，或多或少都会逐渐感受到“中年沼泽期”，出现沉重的“锅底现象”。家庭中都是要依靠你的人，却没有你可以依靠的人。工作中相对于年轻的下属来说，你的工作责任和压力更大。上升的空间变小，年龄增大，机会减少，对前途命运多了些担忧。

四是目标迷茫困惑。拥有清晰的发展目标是积极情绪的动力支撑。一个人情绪纠结、心境低落不一定是生活环境上的原因，多数是发展途径受限、目标追求失落造成的。心理学研究认为，渴望成就、实现个人价值是人的普遍心理需求，追求成功、害怕失败的心理是引发焦虑的社会心理因素。如何从目标导向入手，确定丰富且有意义的人生目标，对于调节心理失衡及情绪危机是非常重要的。

三、积极调适心态，化解情绪危机

心理学认为，当一个人受到挫折后，用意志力量压抑情绪，表现出正常情况下的谈笑自若，这种做法只能缓解表面的紧张，却无法调节内在的情绪纷扰，不仅不能从根本上解决问题，还会陷入更深的心理困境，带来更大的身心危害。减少心理纠结困惑，消解焦虑烦躁，需要掌握必要的应对情绪心理危机的途径和方法。

（一）保持乐观积极心态，克服悲观消极心态

快乐是一种积极的处世态度，具有乐观心态的人往往将人生的感受与人的生存状态区别开来，认为人生是一种体验，是一种心理感受，即

使人的境遇由于外来因素而有所改变，人们无法通过自身的努力去改变自己的生存状态，也可以通过自己的精神力量去调节自己的心理感受，尽量使其处于最佳状态。英国思想家伯特兰·罗素认为，人类的各种不快乐，一部分是根源于外在的社会环境，一部分根源于内存的个人心理。作为一名领导干部，怎样走出纷繁事务的烦恼，获得身心的快乐？

一是有仁爱之心。只有博爱的人才会懂得善待自己，善待他人。古希腊哲学家苏格拉底是一个“惧内”的人。有一次，苏格拉底跟妻子吵架后，刚走出屋子，其妻就把一桶水浇在他头上。苏格拉底并没有恼怒，而是自我解嘲地说：“我早就知道，雷声过后，就是倾盆大雨。”结果其妻破涕为笑，二人重归于好。一个乐观的人，当他面临苦难和不幸时，绝不自怨自艾，而以一种幽默的态度、宽恕的胸怀来承纳。一位哲人说过：“一个人若能将个人的生命与人类的生命激流深刻地交流在一起，便能欢畅地享受人生至高无上的快乐。”

二是遇事多往好处想。一个装了半杯酒的酒杯，你是盯着那香醇的下半杯，还是盯着那空空的上半杯？以不同的心态去看待周围的事物，就会收到不同的效果。这实际上就是心理学上的“漏掉的瓦片效应”：一栋房子顶上铺满了密密麻麻的瓦片，但有的人在看房顶时，不是看铺得很好很整齐的瓦片，而是专看一片铺漏了的瓦片。

三是寻找特殊的解释方式。不良的心境有一种顽固的力量，往往不易摆脱，当一个人心境不佳时不要过分独自地苦思冥想，最好将自己的心事倾吐出来，或是转移到其他的事情上去，心理学上称之为“心境转移”。乐观主义者的成功秘诀就在于他的特殊的解释方式。持有悲观消极心态的人，一方面是看不见自己的长处和优势，常常因缺乏信心和勇气而事业难成；另一方面，这种人在心理定位上对自己常持否定态度，不能接纳自己，使其内心长期处于失衡与迷失状态中，人生体味中只有痛苦、受挫感和失败感，自我评价中只有自卑感。当然，消极心态的人并不是完全不能变成一个具有积极心态的人，只要他认真进行成功的心理训练，进行适当的心理调整，就会摆脱忧愁的阴影和消极意识，轻装上阵，以乐观、自信的态度直面人生。

（二）保持平静随和心态，克服焦灼浮躁心态

凡古今中外的伟人，都有遇事不慌、沉着冷静的特点。冷静的心态是成功的重要因素，对领导干部来讲尤其重要。现代医学认为，在影响人的健康和长寿的因素里，精神和性格起着非常重要的作用。一个人的精神状态和性格特点，同先天遗传因素有一定关系，但更主要的是由后天社会环境的影响决定的。大量实验证明，平衡的心理是任何一个面临突变，但却不被突变所击垮的人必备的心理素质。要学会自我宽慰，人世间没有无所不能的人，人外有人，天外有天，企求事事精通、样样如意只会促使自己失去心理平衡。不要怕工作中的不足和失误，成就总是在经历风险和失误后才能获得。不要对他人抱过高的期望，百般挑剔，希望别人的语言和行动都要符合自己的心愿，这只能是自寻烦恼。

（三）培育知足隐忍心态，克服贪婪奢侈心态

人人都有欲望，并且有些欲望是与生俱来的，但人是有理性的，应该而且能够把握好欲望的“度”。人活在世上，有些东西应该得到，也能够得到；有些东西不该享有，也不能攫取。老子说过：“祸莫大于不知足，咎莫大于欲得。”这句话对于今天的人们尤其对领导干部有特殊的意义。人，在不知足中绝对地追求，在自得其乐中相对地满足。知足，使得人在自我释放和自我克制之间，砌筑了一个安顿生命的心理平台。在“见好就收”的意义上，提前规避了未知的风险。知足常乐，在

相对满足和绝对追求之间，重建了一种平衡。知足常乐少了些欲而不得的焦躁、少了些由色而空的虚无。比起“无欲”的禁锢，“知足”多了一层人情味；比起“一无所有”的自得与佯狂，“知足常乐”返回了世俗理性。

隐忍克制实质是对生存环境的一种主动适应。人有欲望是正常的，可怕的是欲望无法控制。盲目的知足并不可取，只有做到知足隐忍，才是成大事者的必备素质。大千世界诱惑重重，真正面临诱惑而能保持清醒头脑的人并不多。很多领导干部认为自己有足够的控制力可以驾驭感情、金钱、权力，可真正接近这些诱惑的时候，有相当一部分人把握不住自己。有一个故事可能对此有所启发：某外国公司准备以高薪雇用1名轿车司机，经过层层筛选和考试之后，只剩下3名技术最优良的应聘者。主考官问：“开车能距离悬崖多远而又不至于掉落？”“2公尺。”第一位说。“半公尺。”第二位很有把握地说。“我会尽量远离悬崖，越远越好。”第三位说。结果这家公司录取了第三位，因为他的理念是不能和诱惑比近，而是离得越远越好。人绝不能认为自己对诱惑有免疫力和抵抗力而放松警惕。

（四）保持宽容豁达心态，克服孤独抑郁心态

自古以来，宽厚的品德、宽容的心态就为世人所称颂，心胸狭窄被认为是一种病态。所谓宽容的心态就是以宽阔的胸怀和包容的心态去面对身边的人和事。宽容本身包含着谦逊。古人说：“满招损，谦受益。”一个人如果不能虚怀若谷，就不能有效地吸纳有利于自身发展的精神营养。只有具有海纳百川、有容乃大的心态，才能学习他人的长处，弥补自己的短处，充实、拓展、成就自我。宽容不仅是一种与人和谐相处的素质、一种时代崇尚的品德，更是吸纳他人长处充实自我价值的良好思

维品质。一个人要想成功，只有处处为别人着想，将心比心，宽容别人，才会得到更多人的理解和支持，梦想才会更容易实现。豁达是宽容的外在表现和必然结果，能做到宽容的人必然豁达。豁达绝非圆滑世故，不是刻意逃脱，也不是放纵闲适。豁达是人生的高境界、大追求，豁达即放达、旷达、通达，豁达贵在有“达”，豁达能成就光辉的人生和事业。“升沉不过一阵风”“宠辱不惊，看庭前花开花落；去留无意，望天上云卷云舒”展示的是一种豁达精神。“不谦恭、不和睦的人，不但会遭受物质的损失，而且将失去生活的情趣。”莫泊桑的这句名言揭示了一个朴素的道理：凡事看开点，超脱一点，得到的无疑是潇潇洒洒、轻轻松松的生活。

孤独，是一种常见的心理状态。孤独感在人的思想上、行为上的体现有两种情况：一种是因为客观条件的限制，长期脱离人群的“有形”的孤独；另一种是身处人群之中，但内心世界却与生活格格不入而造成的“无形”的孤独。第二种孤独感是十分有害的。一个长期被孤独感笼罩的人，精神受到长时间的压抑，不仅会导致自己的心理失去平衡，影响自己智力和才能的发挥，也会引起人的心理上、思想上的一系列变化，产生诸如情绪低沉、精神萎靡，失去事业的进取心和生活的信心。大多有孤独感的人，并不是自己情愿离群索居、孤身独守的。他们有的是在坎坷难行的人生路上遇到了伤人肺腑的痛苦，因而或嗟叹人生艰难，埋怨命运刻薄，或痛恨世态炎凉，咒骂人心虚伪；有的是感到自己怀才不遇，知音难觅，得不到别人的理解，因而也不愿去理解别人，宁愿独处一隅，洁身自好；也有的是自己看不起自己，不相信自己，在人群中见别人风流潇洒、知识渊博，因而自惭形秽，悲叹自己才貌平庸、才智低下，不敢也不愿与人交往。要解除孤独感，首先要做一个达观者。所谓达观，一是对不顺心的事要想得开，“拿得起，放得下”；二是要乐观，尤其在逆境中，在困难多的情况下，要有一点乐观主义精神，一方面眼睛看得远些，另一方面步子迈得再扎实一些。生活自有它发展的规律，不会随着人的主观愿望而转移，更不会因为人的消极回避等待而自然而然地变得好些。倘若每遇到不顺心的事，都想不开，都拿不起、放不下，恐怕什么也干不成。

人要有勇气改变自己的不良性格和坏习惯。“金无足赤，人无完人”，没有人是完美无瑕的，而自己也必须敢于承认并改正自己的缺点。一个人过于清高，往往让人敬而远之；过于高傲，让人望而生畏；小肚鸡肠，往往让人看不起；自私、刻薄、小气，会招人厌恶。自己有什么缺点，就应乐于接受别人的建议、帮助与忠告。有了改正自己缺点的勇气和行动，就能吸引朋友来帮助你，就能创造好的人际关系。同时，别人有这样那样的毛病，也应该做到包容，不能因此把人看扁，嫌而弃之，离而远之。

（五）积极调节不良情绪，保持健康情绪状态

目前，我国正处在推进国家治理能力和治理体系现代化的重要时期，领导干部肩负着一定的重任，在工作中也会不同程度地受到一些不良情绪的影响，因而对自己的不良情绪要注意及时进行调适和排解。

一是善于运用理智的力量。决定情绪的是人的认知。人受困扰，不是由于发生的事实，而是由于对事实的观念。如何运用理智来克服不良情绪？首先要承认自己存在某种不良情绪。有了不良情绪不愿承认又认为是合理的，这就难以消除了。其次，分析不良情绪产生的原因。想一想自己苦恼、忧虑、愤怒的事情是否值得，如果通过理智冷静分析之后，发现多数情况下并非都如此，那么，不良情绪就会得到排除。

二是情绪宣泄，一吐为快。压抑不是处理负面情绪的根本办法，要让情绪有适当的表现机会。作家罗兰在《罗兰小语》中写道：“情绪的波动对有些人可以发挥积极的作用。那是由于他们会在适当的时候发泄，也在适当的时候控制，不使它泛滥而淹没了别人，也不任它淤塞而使自己崩溃。”因此，我们可以主动地使用宣泄的办法去调控情绪。情绪宣泄的方法有很多种，比如倾诉、高喊、哭泣等。适度的宣泄可以把心中的不快释放出来，使波动情绪趋于平静，并且还有可能得到解决问题的办法。对于领导干部而言，最好的办法是找朋友倾吐胸中抑郁，或求助心理医生。在日本许多企业内设有“情绪宣泄室”。不过，情绪的宣泄要有节制，要注意方式方法和时间场合，尽量不影响别人，不损害自己，否则会带来新的情绪困扰。

三是心理换位，增强同理心。有些领导干部的不良情绪，是由于领导干部抱怨别人引发的。抱怨同事处理问题不当，抱怨下属办事无能，抱怨领导不支持，越想这些心里越窝火，其实这是缺乏换位思考能力。换位思考在心理学上被称为同理心。遇事应该多站在对方的立场、对方的角度、对方的位置，仔细考虑对方的想法、理由、处境和难处，这样就会给予对方理解、谅解和同情。这样做了，就能想得开、心情舒畅，就能处理好人际关系，把事情办好。福特说：“如果有所谓成功的秘诀，那就

延伸阅读

圣严法师临别赠言——如何应对经济危机？

圣严法师曾在金融风暴中，为企业家传授“过冬”心法。圣严法师鼓励企业家，在面对各种危机与挫折时，要学会“面对、接受、处理、放下”。圣严法师说道，危机是人生的常态，不要惧怕危机。危机爆发要坦然面对，即使灾难深重也要以现实主义的态度去接受。然后要以积极的态度去处理，最后要学会放下，而人生最困难的就是放下。“岂能尽如人意，但求无愧于心。”当一切无可挽回时要学会放下，千万不能“无可奈何花落去”“香园小径独徘徊”。

1.危中有机，快乐是创造出来的

圣严法师告诉大家：“在没有希望之中，要看到希望，在觉得痛苦的环境之下，要创造快乐。”正如北半球的冬天恰是南半球的夏天，幸福永远存在，重要的是发现和创造。1930年美国经济大萧条，民众钱包干瘪，但女士的爱美之心并未因此泯灭，在买不起高档化妆品的情况下，口红这类低廉

的非必需品成为新的消费热点，不少厂家因生产口红而“起死回生”，这就是著名的“口红经济”。与此类似的还有土豆的热销、微波炉的热销……某水晶品牌代理人早就意识到欧美市场饱和，于是去开辟阿拉伯市场，金融风暴来了，欧美订单滑落了60%，但是新兴市场却给他带来了70%的增长，总量还增长了10%。

2.把欲望放低一点，把希望放远一点

圣严法师说：“如果我们的欲望放小一点，希望放大一点、放远一点，我们就可以很快乐了。”经济的寒冬，市场发展放缓，企业家需要因时制宜，放低、放小对短期销量的专注，利用好这段闲暇的时间，把精力集中在长期的、宏大的品牌发展战略之上。这是重要而不紧急的事情，但比紧急但不重要的事情更需要时间思考和处理。只有准备好了，才能在春天的气息来临时动如脱兔。

3.危机是常态，心安才能平安

圣严法师遗嘱末说偈：“本来没有我，生死皆可抛。”这并不是劝慰企业消极对待危机，而是告诫企业家：危机是常态。微软是世界上强大的企业之一，但盖茨却说：微软离破产永远只有18个月。好的心态是顺利渡过危机的

是有站在对方立场审时度势的能力，即由他人的观点看事情，如同由你自己的观点看事情一样。”例如，领导与下属发生了一些矛盾，产生不愉快的情绪，作为领导应该把自己置于下属的位置想一想自己的要求是不是过高，自己是否对下属关心不够等。

四是缓解冷化，缓解困惑。如果事先预料到接触某人某事会引起极大不快，又不能解决问题，那就回避一下，这样矛盾可能会自行化解。如仍需要面对，等条件成熟后再予以处理。春秋战国时期的蔺相如，以国家为重，不计私愤，面对老将廉颇的欺侮，冷静地控制了自己的情绪，采取“称病不与争”“引车避匿”的回避办法，结果感动得廉颇负荆请罪。对一些问题“冷处理”是领导干部的一项处理艺术。“冷处理”是生产工艺流程中某道程序的专用名词。当需要处理的材料或工件未及时进行冷处理，这些材料或工件就会报废。领导工作也是这样。不良情绪笼罩下对问题要冷处理，冷化能克服或避免紧张、急躁、粗暴、发怒等不良情绪。

五是自我积极暗示，增强情感力量。自我暗示对机体能产生强烈的作用，能使情绪发生明显的变化。当自己处于消极情绪困扰之中时，通过语言暗示，可在一定程度上排解不良情绪。在处于愤怒情绪状态时应告诉自己“不要发火”“发火是不能解决问题的”；在忧虑时应提醒自己“忧虑无济于事，还

是面对现实”；在烦恼时应对自己说“静下心来，想一想，别着急”；在冲动时应暗示自己“怒伤心，一忍最高”“退一步海阔天空”“让三分心平气和”。在使用暗示时，要避免运用不当的消极暗示，必须使用积极的自我暗示。做个最快乐、最具意志力的领导干部，就要利用丰富的内在心理资源，自我调整，以便控制行为，以杰出的内在力量，调和外在的影响，以使领导工作协调顺利开展。

重要前提，只要心安，就能平安。正确面对危机，还要用积极的行动处理危机。圣严法师再次提到了“四它法”：面对它、接受它、处理它、放下它。企业在成长的过程中必定有起有落。每个企业都会面临危机，关键是转变思想，找到新的机会，制定完整的发展战略，并积极修炼。接下来就是静等冬天之后的春天，危机之后的商机。

第五章

领导干部压力状况与应对策略

压力应对态度和减压能力是评价个体身心健康水平的重要指标。领导干部作为一个独特的社会群体，同样饱受压力困扰。因其对心理压力处理方式的不同，领导风格也不同：积极健康的压力处理方式使领导干部精神饱满、做事热情、工作状态良好，更易赢得下属和群众的跟随和信赖，他们带给人更多的是信心、乐观、快乐等积极感受；消极的压力处理方式使领导干部精神萎靡、工作紧张、心情沉重，往往让下属和群众感到烦躁不安、紧张畏惧。因此，领导干部塑造健康和谐的心态，学会科学的减压方法，对其树立良好形象、增强工作自信、提高工作效能具有重要作用，同时也影响着组织健康运行、社会和谐发展。心理自助，健康同行；干部健康，组织共赢。在领导干部队伍建设工作中，适应形势需要，创新思想政治工作思路和方法，加强对领导干部心理健康状况的关爱，维护与激发领导干部的心理原动力，是事关领导干部高效工作和组织有序运行的大事。

一、压力及其本质属性

压力本身是一个物理学的概念，也可延伸为个体的躯体感受。比如，当我们身体受到挤压时感到的压力就是物理学意义上的压力。这种压力是有形且容易应对的，对个体影响较小。但本书所说的压力特指心理上的压力，即由压力源和压力反应共同构成的一种认知和行为体验。

（一）压力的性质

对于压力，我们可以形象地将其比喻为一张拉开的“弓”（见图6–1）。“弓”需要拉力才能起作用，“弓”的质量越好，表明它能承受的拉力就越大，随之“箭”的射程就越远。换句话说，“箭”的射程，是由“弓”的质量和拉力决定的。拉力象征着各种要求指标（压力来源），这种要求既有生活和环境施加于人的压力，也有自己施加的压力，比如，身体的压力、心理的压力和社会适应的压力，等等；“弓”的质量象征着人的适应能力，也就是领导干部面对和应付各种要求的能力，它决定了这张“弓”能够拉伸的程度。

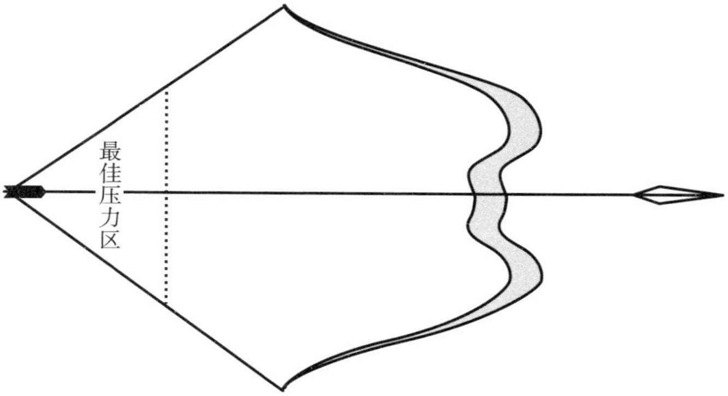

图6–1　以“弓”比喻说明压力性质

从心理学角度看，心理压力（pressure）是外部活动事件引发的一种身体感受，是个体在生活中面对威胁事件或情境反应形成的伴有躯体机能、心理活动变化的一种身心持续紧张状态。当外部活动、环境要求与自身应对能力不平衡时，个体会产生一种身心紧张、内心冲突的状态，该种状态就是心理学意义上的压力。生活中那些让人们感到激动、焦虑、紧张、烦躁不安的事情，都可视为心理压力。在工作环境中，角色成员心中都会对角色职责有一个量的期待标准，当上级角色发送者想要让某人符合自己的角色期望时，会通过多种方式与角色当事人就角色职责进行沟通，在这个角色期待不对等的沟通过程中角色当事人就会出现角色压力。

（二）压力的表现形式

压力在表现性质上可分为积极压力与消极压力；在表现程度上可分为显性压力和隐性压力。

1. 积极压力与消极压力

根据压力的性质，压力有积极表现、消极表现两种，其紧张状态都通过非特异性的生理反应和心理反应表现出来。

积极的心理压力，在生理反应表现上，使人的身体处于兴奋状态，有助于发挥机体潜能，能提高反应速度，增进人体健康，让人保持良好状态；在心理反应表现上，可以转化为动力，活跃思维，对工作生活起着良好促进作用，提高工作效率，提高心理承受能力、抗挫折能力，使人走向成熟。当人体感觉到适当压力状态的时候，体内会分泌出内啡肽，有加强免疫功能、降低血压、甚至延缓身体衰老的作用。引用精神分析学派创始人西格蒙德·弗洛伊德的话：“快乐的秘诀在于工作与爱。”

心理学家米哈里·契克森米哈赖在他的著作《心流：最优体验心理学》中生动讲述了一位劳动工作者的心理压力体验。里柯·麦德林在一条装配线上工作，他每天完成一个单元规定的时间是43秒，每个工作日重复600多次。大多数人很快对这样的工作感到厌倦，但里柯做这样的工作已经5年多了，还是觉得很愉快。他对待自己工作的态度和一名奥运选手差不多——训练自己创造装配线上的新纪录。经过5年的努力，里柯的装配最好成绩是28秒就能装配完一个单元。里柯在高速度工作时会产生一种快感，里柯说："这比什么都好，比看电视有意思多了。"里柯知道，在同样工作上很快就会达到进步的极限，所以他每周固定用两个晚上去进修电子学的课程。拿到文凭后，他打算找一份更复杂的工作。相信他会用同样的热忱，努力做好任何一份工作。很多时候，在积极的心理压力下，我们做自己非常喜欢、有挑战并且擅长的工作时，会有一种充满能量，并且非常满足的感受。最好的体验和最坏的体验都在工作中，而非休闲中。工作可以残酷无聊，但也可能充满乐趣和刺激。

消极的心理压力多是减力的，使人的身体处于亚健康状态。在生理反应上，表现为新陈代谢紊乱、焦虑不安、易发怒、头痛胸闷、手掌心冰冷易出汗等，长此以往，激素水平长时间居高不下，免疫系统将受到抑制和摧毁；在心理反应上，表现为注意力难以集中，表达能力下降、记忆力减退、判断力削弱，持续性地对自己及周围环境持消极态度，优柔寡断，自怨自艾等。

可以用图进一步说明（见图6–2）。在图中，横坐标代表领导干部的压力情况，其压力来源有领导干部的工作任务、环境要求或者个人期望等。纵坐标代表领导干部的绩效表现。整个坐标图用来衡量领导干部的适应能力。由于个体差异，适应能力也是有差异的。对于不同的领导干部而言，同样的要求，甲领导干部可能效能没有发挥到最大，乙领导干

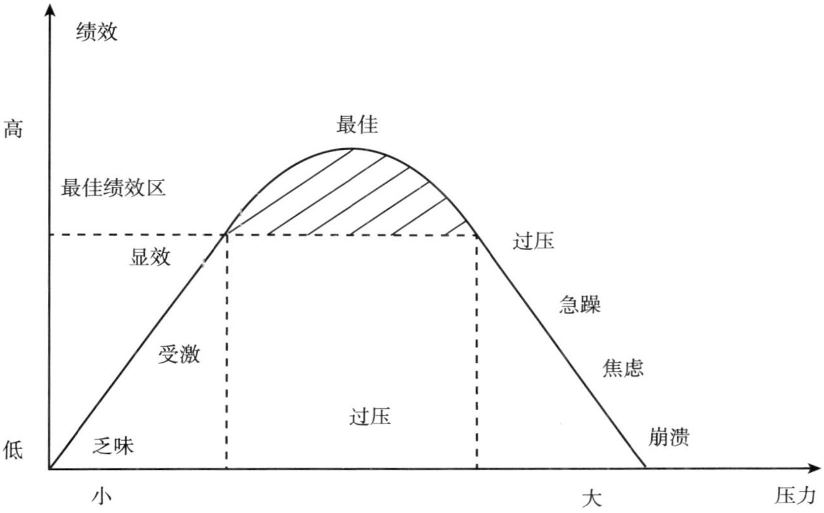

图6-2 领导干部绩效表现与压力情况关系

部可能快把“弓”拉断了。对同一个人而言，要求太低，拉力不足，“弓”可能处于一种紧张度不够的状态；要求太高，“弓”可能有被拉断的危险，或者持续过度的拉伸导致“弓”反弹的能力减弱；只有要求适中，“弓”的拉伸程度最大，射程最远，而且反弹效果也能得到保证。因此，判断压力水平，首先要从内外环境要求与个人的适应能力两个方面进行综合评判。

2. 显性压力与隐性压力

显性压力通常指生物面对瞬时危机时的心理反应。比如，一只鹿看到对面来了一只老虎，扭头拼命奔跑，不跑就会死了，这就叫显性压力。跑掉了，压力就没了；跑不掉，就死了，压力也没了。鹿在面对压力的时候，为了加快逃跑的速度，消化系统、免疫系统、身体机能修复系统等以及与应对压力无关的系统都会减缓甚至停止，让出更多资源给逃跑来应对压力。也就是说，生物面对令人烦恼的问题时，会自动降低免疫、消化、生长系统的功能，比如，有的人在长跑后会呕吐，有的人在考试前后容易食欲不好，等等，这是生物的自然反应，不受意识控制。

隐性压力就是人面对长久危机时的心理反应，它是一种更加长期和持续的压力。假若我们没能管理好日常压力，或者重复接触压力事件，压力水平就会居高不下，这时就可能引发健康问题。长期处于隐性压力状态会增加肥胖、高血压、心脏病以及消化问题发生的风险，而且，它可能与免疫系统功能低下相关，进而导致抑郁、影响生育能力和出现记忆障碍。更为可怕的是，面对隐性压力时，大脑会将免疫系统、消化系统、身体机能修复系统调低，以分配更多的资源给大脑来解决问题，这也是近年来从事投行、审计等高压行业工作的人出现轻则消化道溃疡，重则心肌梗死的原因。因为压力太大，又得不到好的调整和释放，导致免疫功能长期处在较低的水平，导致各种慢性疾病的发生。

（三）压力产生的主要原因

心理压力由各种原因引起，心理学家格拉斯通列出了9种因生活变化而给人们带来明显心理压力的情况：就读新学校、搬迁新居等；恋爱或失恋，结婚或离婚等；生病或身体不适等；怀孕生子，初为人父；更换工作或失业；进入青春期；进入更年期；亲友死亡；步入老年。由于性格的差异、客观经历的不同，每个人对压力源反应不同，心理感受压力的大小也有分别。

一是压力比比皆是。压力影响着我们的行动、思维，所以我们需要控制压力。但是很多时候，我们难以察觉自己所承受的压力程度。自己的行为是否处于压力之中，除了他人提醒，也可以掌握一些指标进行自我观察。表6-1所列的状况在某种程度上可以显示出压力的存在。用该表自我体检，统计一下经常发生在自身的状况有几个，符合的症状越多，表明所承受的压力越大。

表6-1 压力状况对照表

认知行为	情绪倾向	生理表现	对外行为
集中精力困难	易发怒	无法放松	坐立不安
热情消失	易激动	失眠多梦	持续性抖腿
持续担心	烦躁不安	常无食欲	摔打物品
无自信	时常沮丧	时常感冒	持续敲打某物品
自尊心差	忧郁	手掌心冰冷或易出汗	暴饮暴食
对事物有偏见	心理纠结	常有口腔溃疡	无精打采
想法先入为主	时常伴随紧迫感	头痛胸闷	工作满负荷
没有希望	感情淡漠	肠胃不适	冷漠自闭
恐惧感增强	过于安静随和	经常便秘	不合群
自卑自怜	敏感	舌头常现白苔	喜欢攻击他人
神经敏感		头晕眼花时有发生	自暴自弃
糟糕记忆重复不断		稍微做一点事就感到疲劳	坏习惯增多（抽烟、酗酒等）
产生幻觉		新陈代谢紊乱	交往能力减弱
少言寡语		体重无故加重或减轻	日常争论增多
		其他生理问题恶化	冲突不断

二是压力因人而异。心理学研究表明，个体对成功与失败的体验、对挫折的体验，不但依赖客观标准，而且更多地依赖个体内在的欲求水准。对压力的处理，不仅受到压力强度和数目影响，还取决于内在品质，个体与个体间有着非常明显的差异。同一件事，在某些人眼里不足挂齿，而在另一些人看来却是天大的事。是举重若轻，还是举轻若重，与个体人格、认知方式、所处环境、社会地位大有关系。同样的外界刺激，由于不同认知方式，感受到的压力强度也会不同。如果对自己要求过高、过严，习惯把小事放大，小压力也就成了大压力。这一事实体现为，取得相同的成绩，不同的人会有不同的反应。比如，有的人考试得了90分，还垂头丧气，懊悔难过。而对于60分万岁的人来说，90分已经是很大的成功了。可以这样认为，一个人的欲求水平和主观态度，是决定是否产

生挫折感的重要原因。有句俗话“知足者常乐”，就是鼓励人们降低欲求水平，以减少挫折感和压力。

三是主体自我产生的心理压力。人如果没有很好地认识自己，没有清晰的自我意识，就很容易产生心理上的问题。比如，有的人讳疾忌医，羞于谈心理问题或故意掩饰自己的心理压力。有的人即使认识到了心理健康的重要性，也不善于自我调节、自动减压。有了压力以后，在上级面前不敢说，在同事面前不能说，在亲朋面前不愿说。由于缺乏自我心理调适手段，心理压力不能得到及时释放，日积月累，结果产生心身疾病。

四是社会因素产生的心理压力。不良工作环境、过长劳动时间、工作不胜任、工作单调、居住条件落后、经济收入偏低等问题导致的压力也会使人表现出不适感和困惑增多。

从来源来看，职业压力主要来源于情境、时间、预期、冲突等方面。在令人不适的工作环境中，或者面对迅速的组织变换，个体会产生一定的应激反应和压力表现。对于时间漫长的工作过载，或是对工作进程的把控不足，一个人的工作压力就会陡然增大。当实际不符合预期，便会产生担忧与焦虑情绪，或者出现角色冲突、问题冲突、交往冲突等，个体就会产生压力认知和情绪反应。

二、基层干部的压力状况

2016年有研究机构对北京市朝阳区173名基层干部进行了问卷调查和走访，问卷调查涉及的问题主要有“您的压力状态怎么样”“您的压力来源是什么”，以及“您疏解工作压力的方式有哪些”等。通过对收集来的数据进行整理、分析，得出如下结论。

（一）压力状态

整体来看，基层干部工作压力明显。认为压力较大及压力过大的基层干部合占39 .18%（其中，压力较大，有些超负荷占22.22%；压力过大，身心俱累占16.96%）；有压力，但能从容应对的基层干部占57.89%；很轻松，没有压力的基层干部仅占2.92%（见图6–3）。

研究表明，存在工作压力已经成为基层干部的常态。能从容应对的基层干部占比较高，占一半以上。这说明了他们对于岗位的适应性较强，以及基层干部面对压力的情绪调整能力较为突出。压力较大或者压力过大的感受群体近40%，需要及时予以关注。

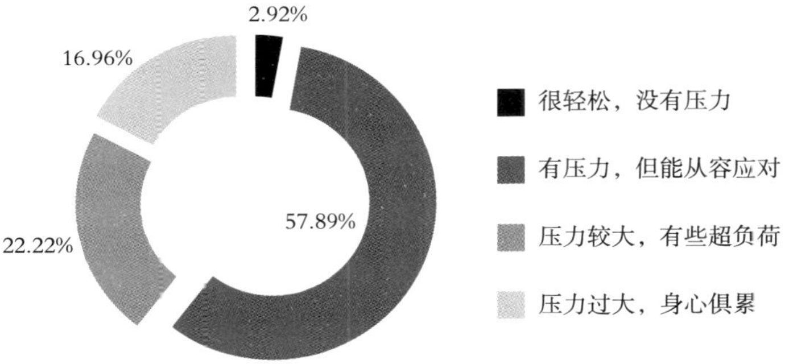

图6–3　基层干部的压力状态评价

（二）压力来源

按照基层干部的实际情况，结合访谈资料，笔者设计了人际关系复杂、工作内容烦琐复杂、领导不信任等9个压力来源指标。通过调查发现，基层干部的压力来源排名前三位分别为工作内容烦琐复杂（65. 90%）、福利待遇低(53.76%)、社会误解没有自豪感(34.10%)，排在后三位的分别是家里不支持（1.16%）、领导不信任（9.25%）、加班时间过长（10.40%）(见图 6–4）。

由此可以看出，基层干部的主要压力源为工作内容、福利待遇以及社会期待3个方面。因此，工作内容丰富化、对等的薪酬待遇和消解社会认同偏差是消除压力源的主要途径。

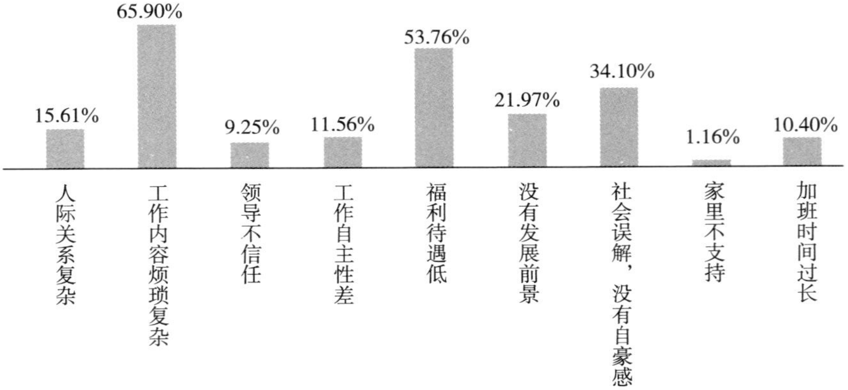

图6–4　基层干部的压力来源状况

（三）压力应对方式

总体看来，基层干部缓解工作压力的方式主要为健身锻炼（42.8%）、读书和听音乐（42.8%）、休假（41.6%），使用最少的方式是心理咨询（2.3%）（见图6–5）。

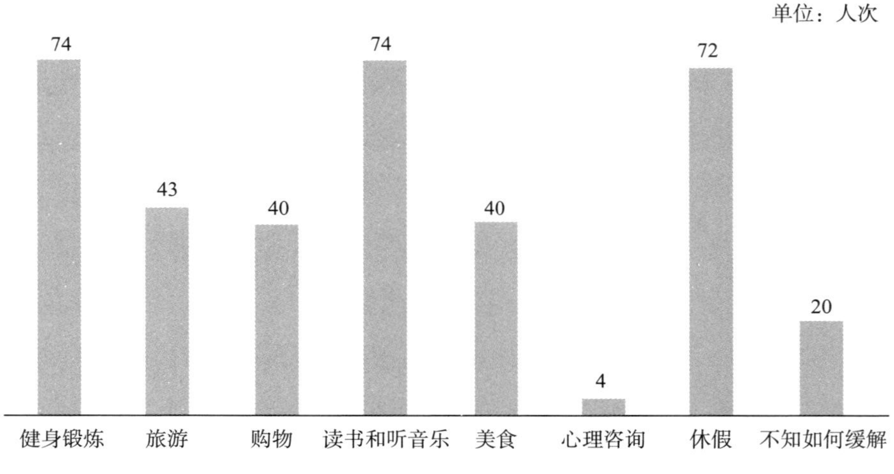

图6–5　基层干部工作压力应对方法选择

健身锻炼、读书和听音乐、休假等常见的缓解工作压力的方式都是个体行为，没有涉及组织关爱层面。此外，尚有11.6%的基层干部不知道如何缓解工作压力，需要引起高度重视。因此，很有必要建立组织关爱机制，并从个体、家庭、组织等各个层面去寻找合理的应对压力的策略。

三、基层干部心理压力成因

当下，基层干部的压力感比较明显，在工作内容、物质待遇和社会认同方面产生的压力比较突出，究其原因主要有如下几个方面。

一是工作内容繁杂，自主性偏弱。基层干部在基层一线，面对群众的办事需求和上级单位布置的繁重工作任务，以及各种考核压力，“上面千条线，下面一根针”，工作内容的复杂程度非常高，有时候甚至是在没有人、财、物保障的情况下去完成一些工作任务。同时，基层干部在工作自主性上缺乏足够的空间，刚性的工作要求使得基层干部在实际工作中备感压力。

二是时间管理缺乏，规划性偏少。时间管理能力是有效利用时间，减少时间浪费，在最短时间内完成既定目标的能力。由于基层干部整天忙于繁重的工作任务，总是感觉很匆忙。有些基层干部反映，他们的工作常态是“五加二、白加黑”，根本没有时间去规划工作，以及对工作中的各种经验进行总结。因此，很多时候，基层干部极易出现短视行为，表现得急功近利，缺乏对长期影响的考虑。

三是酬劳不平衡，社会关注度高与认同度偏低。基层干部晋升机会较少，现在国家实行的职级并轨政策可以说在一定程度上解决了薪酬待遇的提升问题。按照亚当斯的公平理论，个体会对自己的付出和所获得的报酬进行对等性评估，酬劳不平衡也会导致基层干部心理失衡。另外，基层干部在社会上易受其他群体关注，随着民主化进程的推进和中央反腐力度的加大，一些基层干部的负面形象被无形放大，出现晕轮效应，社会误解增多，认同度下降。

四是形成惯性思维，信息交流渠道窄化。面对各种工作任务，基层干部往往按照惯性思维方式，即先看上级怎么要求的，再看别人怎么做的，最后看以前怎么做的，去寻找问题的处理办法。最终结果是工作没有创新，难以做出工作业绩。此外，基层干部常常忙于日常事务，较少“走出去”和“请进来”，对涉及群众工作的问题难以做到充分沟通，一般按照惯例解决问题，导致群众认可度和满意度较低。

四、提升心理压力调适能力

压力对个人的生活、工作、学习会产生很多影响，但压力并不都是负面的，压力既可以是减力的，也可以是增力的。面对压力如何采取行动，把压力变成动力，既检验一个人的认知能力，也考验个人的心理适应能力。对于每一位领导干部来讲，既要善于认知压力，更要善于化解压力，还要积极主动为他人排忧解难、减少心理困惑。

（一）提升基层干部的压力积极感知水平

压力无处不在，是让压力成为动力还是成为健康杀手取决于对压力的认识水平和对待压力的态度。心理学研究表明，人在不同时期会面对不同的心理发展冲突。因此，需要寻找积极的压力应对方法。英国萨塞克斯大学心智实验室研究表明，阅读能够使压力水平降低68%，听音乐能够使压力水平降低61%，喝茶或咖啡能够使压力水平降低54%，郊游、散步能够使压力水平降低42%。调查发现，基层干部日常舒缓压力的方式较为单一。具备一种和两种缓解压力方式的基层干部最多，均占32%；具备三种及以上缓解压力方式的基层干部合占36%。而且舒缓压力方式的种类多少与基层干部压力状态成反比，即缓解压力方式的种类越多，基层干部的压力越小；缓解压力方式的种类越少，基层干部的压力越大。压力的感知越是积极主动，所采取的缓解压力的方法就越灵活多样，舒缓压力的效果就越明显。领导干部是社会管理阶层，他们的自我管理与广大群众的心理和谐有着密切关系。如果他们能够形成良好的自我认知，在工作中就会做到亲民、爱民、为民，才能对社会心态产生积极的引领、感召和凝聚作用，进而带动和谐向上的社会风气。

资料链接

日常减压10步曲

1. 早睡早起。提前做好一天的准备工作。
2. 同你的家人和同事共同分享工作的快乐。
3. 一天中要多休息，从而使头脑清醒，呼吸通畅。
4. 利用空闲时间锻炼身体。
5. 不要急切地、过多地表现自己。
6. 提醒自己任何事不可能都是尽善尽美的。
7. 学会说“不”。
8. 生活中的顾虑不要太多。
9. 偶尔听音乐放松自己。
10. 培养豁达的心胸。

（二）增强基层干部的情绪调整能力

情绪是主观认知经验的通称，是多种感觉、思想和行为综合产生的心理和生理状态。情绪稳定性反映了基层干部的情商高低。基层干部面对各种压力，除了很好地感知压力，还应该对自己的情绪进行调整和管理。第一，用责任感消弭消极情绪。把压力和责任紧密联系起来，站在使命感和道德感的高度去抚慰民情、体察民苦，以为民服务的心态对待迎面而来的各种压力。第二，完善情感疏导系统。一旦压力带来了情绪波动，除了用责任来“堵”，还应进行“疏”，做到堵疏结合。要积极主动与亲戚朋友，特别是家人，进行很好的沟通，以此化解压力传导带来的情绪问题。第三，努力营造积极健康的人际氛围。要把压力理解为不是一个人在面对，而是一个团队在面对。如果把坏情绪传染开来，周围的同事、下属也会受到影响。通过团队成员的精诚合作，激励大家共同面对压力挑战、树立战胜压力的必胜信心。倘若把自己受到的压力挫折变成了对群众的不满甚至对立行为，必然激起干群关系紧张，影响社会的稳定与和谐。

（三）提高基层干部的时间管理水平

时间管理的四象限法表明，按照任务的重要性和紧急性进行划分，可以把任务分为重要紧急、重要非紧急、非重要紧急、非重要非紧急四大类。对照各种工作任务，找出重要的事，通过建立日清日结表单、项目管理表格等来安排具体时间的工作内容、完成时间以及未完成的原因说明，使工作条理化、明晰化。研究表明，当一个人面对的任务存在模糊性和不确定性，他的内心就会充满焦虑。另外，基层干部不仅要把自己工作任务的思路理清楚，还要针对一定的工作任务进行合理授权。通过合理的授权之后，基层干部就可以抽出时间考察下属的工作，了解工作进展情况和其中存在的问题，适时地介入指导，提供自己的建议。

（四）发挥基层干部的离场管理能力

无为而治是一种高超的领导艺术。在现实工作中，有一个现象就是高层做中层的事情，中层做基层的事情，领导干部都忙得不可开交，而基层人员却无事可做。因此，要谨防工作中各种“背猴子”的陷阱。自我领导理论认为，个体完全可以根据自身情况确定奋斗的方向和目标、确定目标的优先顺序、确定自己前进的步骤和策略，甚至确定工作的时间和地点。所以，基层干部在带头示范、作表率的同时，要注意把自己“藏”起来，发挥自己的离场管理能力，通过制度安排和规范设计，让下属清楚如何做、做好的标准是什么，以及反复训练与修正，这样既增强了下属的责任感和工作信心，又营造了上下级互相信任的组织氛围。

（五）增强基层干部社会支持系统

社会支持是一个心理学概念，早期的概念主要反映一定的社会网络运用一定的物质和精神手段对社会压力群体进行积极帮助的行为总和。社会支持主要是从外部支持的角度对个体压力进行调适与管理。为此，基层干部要善于通过积极构建强大的外部支持系统来应对和缓解压力。在各种压力烦恼中，试问自己：如果陷入困境，有多大把握能得到他人广泛、及时又有效的帮助？这些“他人”都包括谁？将其列出来。这就是对一个人社会支持系统强弱的最简单评估。只有社会支持系统强了，才能在逆境中获得信心和能量，在顺境中收获快乐和充实感。

资料链接

面对新冠肺炎疫情：心理问题的干预策略

不同人群在面对新冠肺炎疫情时，会有不同的心理行为问题，但也有许多共同之处。所以，在此首先介绍一些通用的原则方法，然后再针对不同人群的特点，提出一些自我心理调适的注意事项。

1. 自我心理调整通用方法

识别与接纳自己的情绪。当自己出现担心、紧张、恐惧的情绪时，绝大多数人的情绪是面临威胁时的正常反应，这种反应对我们的身体是有益处的，可以调动身体的内在生理和心理的资源，来应对我们面对的威胁。所以，我们感受到这种焦虑紧张的情绪，不用试图去排斥它，而是体验这种情绪，接受这种情绪，当人接纳这种情绪后，就会发现这种情绪并不会给自己带来灾难，带着这种情绪，重新去建立自己新的生活规律，尽可能坚持正常的生活，这种情绪就会逐渐消失。

矫正自己非理性的错误想法，改变自己的心理行为问题。生活中，当一个人出现不好的想法，就会随之出现负面的情绪，并出现相应的行为活动。比如，一个人以为自己可能感染了新冠病毒，就会紧张，就会臆想病毒在自己周围无处不在，进而表现为无所适从，不敢出门，把自己严密地包裹起来或反复地消毒、清洗。所以，要改变我们的情绪和行为问题，就要从改变我们的想法着手。这就是心理治疗常用的方法——认知矫正。

认知矫正有很多方法，大家可以试试如下的方法。

● 每天规定时间，获取权威渠道的新冠肺炎疫情信息、新冠肺炎疾病的特点、科学防护的措施等。不要整天沉浸于信息的旋涡中，给自己带来矛盾不一的杂乱无章的网络信息，让自己陷入内心的矛盾之中。要用理性平和的心态对待新冠肺炎疫情防控措施给自己带来的影响，建立自己新的生活方式。

● 要客观地评估自己大脑中经常出现的困扰自己的想法。让自己对这些想法认真地深入地思考，问一问自己：有多大的可能性会感染上新冠病毒？感染上新冠病毒，又有多大的可能性会得新冠肺炎？得了新冠肺炎，又有多大的可能性是危重症患者？万一自己被隔离，生活是否就彻底完了？当自己认真思考这些问题时，脑海里是否有新的想法出现？这些新的想法是否更客观？自己的情绪和行为是否会发生改变？

● 用寻找证据的方法，来纠正自己的错误想法。如果一个人，总是担心自己被新冠病毒感染，甚至因此而惶惶不可终日，那么不妨寻找一下证据。先找找支持自己被感染的证据有什么，是咳嗽、低热，还是乏力？再看看有没有不支持的证据，比如，自己是否去过风险地区？是否接触过疑似或确诊的患者？自己生活的小区有无确诊病例？自己所住居所的单元楼有没有被医学隔离？通过寻找支持和反对的证据后，再重新审视原来的想法，当发现自己被感染的可能性并没有原来想象的那么高时，人的情绪和行为反应相应地就会改变。

● 改变行为模式，改变自己的心理行为方式。认知行为干预理论认为，改变自己的行为可以改变情绪，也可以改变自己的想法，从而形成想法—情绪—行为相互改变的良性互动模式，进而达到改变自己情绪和行为方式的目的。比如：

坚持规律的生活节奏，丰富自己的日常生活。面对新冠肺炎疫情，我们的生活节奏受到干扰，陷入一种无序状态，困扰我们的情绪。行动起来，让生活尽可能规律起来、丰富起来，你的状况就会改变。

科学防疫，不要过度防护、清洗和消毒。在新冠病毒防疫中，专家提出很多科学的防疫措施，我们一定要遵照指导进行。如果一味追求过度防护，把自己与外界完全隔离，宅在家里，不停地洗手、洗澡或清洗地板和消毒，认为只有这样才能保证自己和家人的安全，这就会让自己陷入一种过度担忧之中，使自己更加紧张，甚至绝望和悲伤。

善于利用课程表规划自己的日常活动。把你以前的兴趣和爱好收集起来，比如琴棋书画、体育运动、音乐歌剧、厨艺花卉等，填到自己的课程表中，把自己一天的，甚至于一周的活动规划出来，尽可能地坚持执行。尽管有时不能全部完成，但一般情况下我们就会发现，在做这些活动时，情绪会好起来。坚持下去，就会越来越好。此外，当自己情绪非常紧张、恐慌的时候，可以进行呼吸放松、肌肉放松训练，冥想训练，可以在网上下载相关的训练软件，自己练习，在紧张时应用，可以缓解自己的焦虑恐惧的情绪。

- 寻求社会支持，疏解自己的情绪和行为问题。当我们被紧张、焦虑、抑郁、愤怒等情绪困扰时，利用自己的朋友圈和社会关系网，寻求必要的帮助。通过家人、亲戚、朋友、同事的交流和支持，负性情绪也会得到缓解。这一点对维持和促进自己的心理健康非常重要。大量医学心理学研究证实，社会支持在心理疾病的发生中起到缓冲的作用。不要难以启齿，勇敢地与人交流，寻求帮助。

2. 不同人群心理自我调适时要注意的问题

新冠病毒感染患者在进行自我调适时，一定要考虑自己疾病的严重程度，要因人而异，量力而行。结合自己的兴趣爱好，轻症者可以适当做一些运动，而重症者更多地做一些安静的能够转移注意力的活动，比如，静观、听音乐、看视频等。

防疫一线工作人员，要在科学严格防护基础上注重劳逸结合，适当的休息和充足的营养非常重要，这是进行心理自我调适的基础。这样，心理自我调适才能更有效。

被隔离人群，在固定时间接受必要的医学观察期间，尽可能建立新环境下的新生活显得尤为重要。由于隔离给自己带来的生活和工作的困扰，要利用问题解决策略，可以把遇到的问题逐一列出来，用头脑风暴寻求解决问题的方法，然后逐一评估方法的可行性和利弊，选择最有效的方法来解决这些问题。

第六章 焦虑心理问题及干预方式

焦虑是一种特别的情绪，伴随着焦虑产生的痛苦体验让我们一直将焦虑视为不良情绪，如今的普遍性焦虑甚至被视为一种“时代病”。适度焦虑能够让人提前思考有可能面临的风险及问题，驱使自己根据推测或风险评估采取一定的应对策略或行动以改变自身的处境。但是长时间的严重焦虑则会对身心健康造成不良影响。

一、焦虑心理究竟是什么

焦虑是一种常见的情绪状态，是一种内心紧张不安，预感到似乎将要发生某种无法确定的难以应对的不利情况而产生的消极情绪。心理学上对焦虑的定义主要存在于认知评价以及情感评价两个方面。美国心理学家贝克（Beck）将焦虑定义为个体的一种先天的、指向生存的环境压力应对反应，是一种个体应对外界威胁的重要防御机制。《中国大百科全书》将焦虑定义为一种情绪反应，认为焦虑是由焦急、紧张以及恐惧等多种感受共同构成的一种复杂的情绪及情感反应。但是，这种焦虑情绪的产生往往与个体的认知评价相联系，即当个体感受到威胁刺激，但是自己却无法应付时才会产生焦虑。丹麦哲学家克尔凯戈尔（Kierkegaard）认为，焦虑是人面临一种自由选择时所产生的心理体验。在自由选择的过程中常常会产生不确定性，进而引发相应的焦虑。奥地利心理学家弗洛伊德（Freud）从精神分析的角度出发，认为早期的焦虑是无法找到正常的发泄途径而产生的，后期的焦虑则是冲突所引起的一种防御机制。美国心理学家雅各布森(Jacobsen)发展了弗洛伊德的理论，认为焦虑是个体指向内部所发出的信号，以指示危险的来临。美国心理学家霍尼(Horney)认为焦虑是个体所体验到的无助感和孤独感。

综合上述观点，我们可以发现对于焦虑概念可以从4个方面进行解读：一是焦虑是一种个体体验到的负面情绪反应。二是焦虑往往产生于个体对外界威胁刺激的感知。三是焦虑的产生是个体认知评价的结果，是个体基于自身应对威胁刺激而产生的情绪反应。四是焦虑往往会伴随着相应的行为和生理变化。

二、焦虑心理对身心健康的不良影响

（一）焦虑会损伤生理机能

焦虑可以引起压力反应，使得交感神经系统释放压力荷尔蒙，比如皮质醇，来提升血液内血糖和甘油三酯的浓度，以做好应对问题的准备。但是长期慢性焦虑释放的皮质醇会导致健康问题。比如，头疼、高血压或恶心、呕吐、腹泻等，也可能导致消化不良、食欲减退或睡眠障碍等。而且也有可能导致大脑与记忆、认知等有关的结构发生变化或者功能衰退，导致记忆力下降、注意力不能集中等，甚至会提升罹患精神障碍的可能性，比如焦虑症、抑郁症等。

（二）焦虑降低情绪管理能力

焦虑是一种易被自己察觉和识别，且易伴随其他情绪一起产生的情绪，比如，领导干部面对自己任务失败而同级同事成功时体验到的嫉妒等不良的情绪，可能会被自己理解成是自己遭遇挫折，从而引起焦虑，由此来否认自己的能力问题，达到自我防御。这种情绪的掩饰与混淆，导致人们不能正确识别自己的情绪，也就无法进行管理和调整，情绪管理能力逐渐下降。

焦虑不仅能通过影响人们对情绪的知觉和理解导致情绪管理能力的降低，也能通过影响人们对情绪的应对方式与调节策略导致情绪管理能力的降低。情绪的调节与应对是一种重要的能力，美国心理学家拉扎勒斯（Lazarus）将情绪调节策略分为以问题为中心和以情绪为中心两种，以问题为中心是指人们尝试通过解决问题来改变情境及随之产生的情绪，以情绪为中心是指人们通过改变自己的认知或者行为来减少不舒适的情绪体验。正常情况下，人们一般会采取以问题为中心的应对方式，即努力想办法解决问题，但当人们无法解决问题或改变情境时，便会转向以情绪为中心的应对方式。比如，当领导干部某项任务没有完成时，可能会产生挫败感、焦虑等不良情绪，任务没有完成的事实已无法改变，这时领导干部则会用以情绪为中心的方式来应对。以情绪为中心的应对方式包括积极应对和消极应对。消极的应对方式是以后再有类似或者有难度的任务时选择回避不去接受；积极的应对方式是通过改变自己的认知，将此次任务没有完成看成是意识到自己有不足之处，从而更好地学习与成长的机会。积极地改变自己的认知方式，不仅能够降低不良情绪的体验，更重要的是采取适应性的应对方式，有利于领导干部的适应性发展。有研究表明，焦虑与消极的认知情绪调节策略也密切相关。当人们处于焦虑情绪中时，解决问题的能力受到焦虑情绪的影响而降低，以情绪为中心的应对方式也偏向于消极认知和回避，不利于领导干部的适应性发展。

（三）焦虑心理对领导自我效能感的影响

领导自我效能感是领导干部对自己是否具备成功领导干部所需能力的判断，包括对自己在设定领导目标过程中领导能力的评估，在与下属建立友好的关系以获得支持时领导能力的评估，以及在与下属共同工作以克服困难的过程中领导能力的评估。影响领导自我效能感的因素有很多，比如，直接经验、间接经验、言语说服和情绪激发等。有研究表明，焦虑水平高的人其自我效能感也较低，焦虑水平会影响人的自我效能感。

领导干部需要完成一定的领导目标，其领导自我效能感就很重要。焦虑对领导干部领导自我效能感的影响会进一步影响到其领导认知、领导行为和组织绩效。领导自我效能感能够提高领导动机和领导有效性，使领导干部有较强烈的领导意愿。焦虑会通过影响领导干部的领导效能感来影响其领导行为。当焦虑导致领导自我效能感降低时，领导干部的努力程度和坚持程度也会随之降低，遇到困难不愿坚持不懈地寻找应对策略。遇到问题时，领导干部首先会怀疑自己是否能够顺利解决问题，持续焦虑、紧张的情绪状态无法缓解和调整，最终限制领导能力的发挥，从而影响整体的领导行为结果。此外，焦虑引起的低领导自我效能感会诱使领导干部在设置发展目标时降低标准，降低集体的任务效能，导致团队发展缓慢，影响集体进步。

三、焦虑心理的干预方式

作为新时代的领导干部，需要重视自我心理健康管理。健康的心理是建设高素质领导干部队伍的必要条件，是提高执政成效的保证。领导干部在对焦虑情绪的正确认知的基础上，学会科学的焦虑干预方式，积极调适自身的心理状态，缓解焦虑情绪，能有效促进领导干部心理健康。呼吸放松法、渐进式肌肉放松法和内观疗法是3种容易学会的科学化解焦虑的方式，能帮助领导干部学会自我调适，消除焦虑引起的各种症状。

（一）呼吸放松法

呼吸放松法是一种快速的放松法，并且可以应用到几乎所有让人感到焦虑紧张的情境。呼吸其实也有很多种方式，不同的呼吸方式会带给我们不同的感受。

一是深呼吸。平时我们在焦虑时总会听到朋友宽慰：“别紧张，深呼吸。”那么究竟怎样进行深呼吸呢？深呼吸其实是一种胸式呼吸，与平时的呼吸方式一致。首先要选择一个安静的环境和舒适的姿势，尽量排除外界干扰并使自己处于沉静的状态，反复进行吸气、呼气，每次3分钟左右。在感到焦虑情绪涌现时，运用这样的方式，直至紧张感逐渐减弱。有时候，我们也会遇到不符合条件的情境，可以尝试用下面这种方式来控制自己的呼吸：为自己准备一个没有洞的纸袋，在焦虑情绪涌现的时候用它裹住自己的鼻子和嘴巴，做深呼吸10次，迅速放开。

资料链接

60秒“4-7-8”呼吸

美国医生安德鲁·威尔（Andrew Weil）推广了一种帮助睡眠的方法，即60秒“4-7-8”呼吸法，其原理是让人的肺部吸入更多的氧气，增多的氧气有助于调节人的副交感神经系统，帮助调节人的紧张状态，缓解焦虑，释放情绪。这个方法的具体步骤如下。

第一步，用嘴大呼一口气。

第二步，闭嘴，用鼻子吸气，在心中数4个数(1，2，3，4)。

第三步，停止吸气，屏住呼吸，在心中数7个数（1，2，3，4，5，6，7)。

第四步，用嘴巴慢慢用力呼气，同时心中数8个数（1，2，3，4，5，6，7，8)。

每四次这样的“一呼一吸”为一遍，需要重复三遍。

注意吸气的时候要用鼻子而且不要发出声音，呼气时用嘴，要有“呼”声，而且一定要舌抵上颚。建议每天练习两次“4-7-8”呼吸法，连续练习六到八周，就能熟练掌握这个方法。

二是腹式呼吸或腹式慢呼吸。腹式呼吸也被叫作横膈膜式呼吸。找一个安静、舒适的地方躺下，一只手放在胸前，另一只手放在腹部，两手均在肋骨与肚脐之间为宜。把自己的肺想象成“气球”，用鼻子深深地吸一口气，为“气球”充气，保持2秒，此时会注意到放在胸前的那只手几乎不动，而随着吸气腹部的手会慢慢回落。绷紧腹部肌肉，同时用嘴巴呼气，给“气球”放气，腹部的手会慢慢抬高。自然地停顿一下，接下来继续进行鼻子吸气、嘴巴呼气的过程，直至感觉到自己非常平静，已经慢慢适应了这种呼吸为止。在这个过程中，留意自己的呼吸节奏和连贯性，让它变得越来越自然，当感到越来越自如后，也可以采用坐姿，身体挺直后靠。不过，要想熟练自然地进行腹式呼吸，需要大量的练习。

当学会熟练地进行腹式呼吸后，可以开始为这个过程计时，尝试用4秒来吸气，用4秒来呼气，这就是腹式慢呼吸。虽然一开始会有些难受，但一旦适应这种状态，将会感到非常轻松。这个呼吸法也需要每天坚持练习，熟练掌握后才能在需要时立即派上用场。

（二）渐进式肌肉放松法

美国生理学家埃德蒙·雅各布森（Edmund Jacobson）并不满足于只是坐在那里简单地进行呼吸训练，在他看来这过于简单，于是他在20世纪30年代设计了一款“硬核”放松产品——渐进式肌肉放松（PMR）。它通过全身主要肌肉群的收缩与放松的反复交替训练，让人认识体验紧张和放松的感觉，最后达到放松身心的目的。

资料链接

找一个安静的地方，尽量穿着舒适和宽松的衣服，躺着或坐着舒展身体，然后按照下面的步骤进行操作。

首先进行腹式呼吸三次，用鼻子吸气时，腹部慢慢回落，用嘴巴呼气时，腹部慢慢鼓起来。吸气时，默念“坚持”，让气体在体内憋一会儿；吐气时，默念“放松”，不急不慢，缓缓吐出。保持这一状态一小段时间，然后进行后续操作。

握紧拳头，吸气。坚持5秒钟，然后慢慢地放开，保持8～10秒的放松。

绷紧手臂，把前臂举起来，靠近肩膀，双臂同时用力。绷紧5秒，放松8～10秒，配合呼吸。

绷紧手臂内侧，笔直地伸出双臂，绷紧肘部。绷紧5秒，放松8～10秒，配合呼吸。

绷紧前额，尽可能地抬高眉毛。绷紧5秒，放松8～10秒，配合呼吸。想象前额在放松时变得光滑柔软。

绷紧颈部后面的肌肉，头尽可能向后仰，把注意力放在绷紧的肌肉上。绷紧5秒，放松8～10秒，配合呼吸。

绷紧肩膀，将肩膀耸起来，似乎要去碰自己的耳朵。绷紧5秒，放松8～10秒，配合呼吸。

绷紧胸部的肌肉，深深地吸一口气。绷紧5秒，放松8～10秒，想象胸部肌肉的紧张随着呼气全部消失。

绷紧腹部的肌肉，紧缩腹部。绷紧5秒，放松8～10秒，配合呼吸。

绷紧腰部，使之呈弓形。如果腰部疼痛的话，跳过此步骤。绷紧5秒，放松8～10秒，配合呼吸。

绷紧臀部，把两边尽量靠拢。绷紧5秒，放松8～10秒，配合呼吸，想象臀部肌肉变得放松、柔软。

绷紧腿部肌肉，把脚趾向内弯曲（把握尺度，防止抽筋）。绷紧5秒，放松8～10秒，配合呼吸。

绷紧脚，脚趾向下弯曲。绷紧5秒，放松8～10秒，配合呼吸。

自上而下放松后，用心感受一下全身是否还有残余的紧张，如果某个部位依旧很紧张，那组肌肉就再重复做一两次绷紧和放松动作。在放松的过程中遇到任何侵入的意识，不要刻意关注，顺其自然。让所有紧张的地方完全放松，享受此时此刻的放松感，忘记焦虑和紧张。

全身有很多肌肉群可以按照以上方法进行放松，这里没有一一列举，例如下巴、骨盆等，如果需要的话，也可将它们加入训练计划中。

现在闭上眼睛感受一下自己的身体，有紧张感吗？肌肉放松训练计划，一定会让你感到无比轻松愉快。

（三）内观疗法

内观疗法(NaiKan Therapy)是由吉本伊信提出并创立的一种心理治疗方法，该疗法在不断地探索与发展过程中，在日本以及其他国家不断发展盛行起来，逐渐成为目前国内外被广泛使用的心理治疗方法之一。对于调节领导干部的焦虑心理，内观疗法以其特有的心理治疗机制和治疗方式，有着特别的治疗效果，常用的内观疗法有以下几种。

一是集中内观。集中内观是内观疗法中最常使用的治疗形式，治疗时间集中，治疗效果最好。集中内观一般设定为一周，在这期间的作息为早晨5时起床，晚上9时就寝，起床后到就寝之前坐在屏风内采取轻松的坐姿持续进行内观。内观咨询师每隔1.5～2小时对内观者进行面谈，每次3～5分钟，指导内容为要点性地询问刚才一段时间内观的内容，然后予以适当鼓励，再指导下一步内观的内容，使内观者有一个明确的方向。

资料链接

集中内观的具体要求有以下几点。

第一，场地的布置。在安静的房间内的一角设置屏风，将内观者安排在屏风内，除上厕所及洗澡以外，内观者都安静地待在屏风内，吃饭也在屏风内进行。屏风不仅把内观者与外界隔开，也起到保护内观者的作用，把内观者从日常生活中解脱出来，在屏风内只是专心地观察自己。

第二，行动的限制。内观者在屏风内可以采用任意舒适的坐姿。原则上讲，内观必须在屏风内进行，在面谈时以及向内观咨询师报告时必须正坐，面谈结束后可以采用其他任意舒适的坐姿。内观时一定要保持安静，不能使用手机或其他通信工具，与外界的联系要完全隔断。睡觉时将屏风收起，就地铺好垫子和被褥。处于一个房间内的内观者禁止交谈。

第三，时间的设置。集中内观一般是一周的时间，每天起床洗漱时间为早上5时，就寝时间为晚上9时。面谈应由内观咨询师到屏风前进行，时间间隔1.5～2小时。一次面谈时间的长短根据内观者当时的情况而定，一般控制在5分钟左右。一天面谈8～9次。一日三餐由内观咨询师送到屏风前，让内观者珍惜在内观期间的分分秒秒。

第四，内观的内容。内观者在内观全程紧紧围绕三个主题对自己的生活经历反复进行回忆，即“别人为我做的”“我为别人做的”“我给别人带来麻烦的”。主题根据对象的不同而设定，如果内观对象是母亲，就从“母亲为我做的”“我为母亲做的”“我给母亲带来麻烦的”这三个内容进行内观，内观对象可以设定为生命中重要的亲人、朋友等。

二是分散内观（日常内观）。分散内观是内观疗法中较常使用的治疗形式，治疗效率高，效果较好。每周1～2次，也可以每天1次，每次30分钟，场所不限，方法、顺序和集中内观一样，依序对生命中最重要的亲人、朋友等，依生命的时间轴进行内观。也可以对每天接触的人进行内观，以改善人际关系。例如，围绕今天“别人为我做的”“我为别人做的”“我给别人带来麻烦的”三个主题进行内观，以最近发生的事为主，继续集中内观的做法，用于集中内观后的维持治疗。

三是记录内观。以每天写日记的方式进行内观，方式同分散内观相同，内容是依序对周围的人依生命的时间轴进行内观，或对每天接触的人进行内观；然后定期和内观咨询师进行内观报告。一般而言，最好在集中内观的基础上再进行分散内观或记录内观。

四是通信内观。针对时间不容许、两地距离太远的内观者，可以用通信的方式进行内观治疗，最好在有了集中内观的基础后进行。将每天的内观内容收集起来进行整理，用通信的方式请内观咨询师给予指导。

内容同日常内观，依序对周围的人依生命的时间轴进行内观，或对每天接触的人进行内观。

五是渐进内观。实施内观疗法，拘束性的强弱对治疗效果有影响，因为吉本模式的内观疗法拘束性太强，实施起来较困难，于是就产生了“渐进内观”。所谓“渐进内观”是指随着内观的过程增加每天的内观时间，逐渐增强整体的拘束性，这种改良式内观疗法不但容易导入，治疗效果也相当理想。

资料链接

放松练习方法

- 闭上眼睛躺在床上或靠在舒适的椅子上。
- 练习开始和结束的时候，在说“放松”这个词的同时，进行深度呼吸和缓慢呼吸三次。

想象你现在躺在一个景色优美的沙滩上，你感觉到阳光的照射使你的身体逐渐温暖起来。

在头脑中对沙滩和阳光进行描述。

当阳光照射到你的身体时，你觉得舒适又放松。

当阳光温暖你的身体时，你觉得舒适又放松。

当阳光温暖你的身体时，你觉得舒适又放松。

天空呈现出一片明朗的蓝色。在你的头顶上可看到一小片白色的云朵正慢慢地向远方飘去。

当云朵慢慢地向远方飘去时，你感觉越来越放松。

当云朵慢慢地向远方飘去时，你感觉越来越放松。

当云朵慢慢地向远方飘去时，你感觉越来越放松。

当阳光温暖你的身体时，你觉得越来越放松。

当云朵慢慢地向远方飘去时，你觉得越来越放松。

（呼吸缓慢轻柔，30秒）

睁开眼睛去面对新一天的工作时，你会觉得自己变得轻松而平静。

第七章 应急处突中的情绪管理

应急处突中做到情绪稳定、处变不惊，就是面临危急时刻，镇定自若，泰然处之。自古以来贤圣之人遇到惊天动地的大事、险事，都能处变不惊。古语“泰山崩于前而色不变，黄河决于顶而面不惊”，形容的就是这种心境。任何人遇上灾难，情绪都会受到影响，领导干部也不例外。这就要求我们一定要控制自己的情绪，用平和的心态去面对突然而至的危境，沉着冷静、头脑清楚，情绪稳定、不急不躁，看准事态、当机立断，方能摆脱困境、化险为夷。

一、应急处突中的心理反应

在现实生活中，应急处突并非小概率事件，突发事件和灾害危机并非少有，而是频度高、损失重、影响大，而且各类事故隐患和安全风险交织叠加，易发、多发，影响公共安全的因素日益增多，使得整个社会的危机感大大加重。如果不能有效防范化解重大安全风险，不能及时有效应对各类重大突发公共事件，就可能会影响社会稳定，进一步引发社会治安问题乃至国家安全问题。然而，在这些事件面前，领导干部受到的干扰因素更错综复杂，能以稳定的情绪状态投入应对，发挥情绪的积极作用就显得尤为重要，甚至直接影响事件的走向和结果。应急处突中的领导干部需要不断地应对紧急状况、突发事件，工作强度大，同时要求自身具备准确的预判能力、果断的决策力、坚决的执行力。这些工作要求势必带来极大的工作压力，领导干部在这种特殊的工作要求中感受到的、体验到的恐怕是大多数普通群众无法了解的，能否调整好自己的情绪状态，或者说是否能将情绪转化为动力，就变得十分具有挑战性。因此，领导干部需要学习如何去调节情绪，管理好情绪，把消极的情绪控制在适当的范围，并能化解，甚至是升华。加强应急心态调适能力是不断提升应急处突工作能力的重要的一环。

在各种突发事件面前，领导干部承载着更大的心理负荷和精神压力，更易产生应激心理，在多重压力下很容易心理失衡，体验到更多的负面情绪。

一是紧张困扰。发生意想不到的事情时产生紧张，这是人常有的心理。但领导干部的心理紧张又有其特殊内容，比如，管辖区域内发生严重公共安全事件，疑难工作无法展开，突然知道提任、降职、职位调动，被有关部门调查、追责，社会舆论负面报道等，都会使其出现心理紧张，并会表现出血压增高、心跳过快、出汗、头昏、眼花、易激动、失眠等现象。

二是压抑郁闷。领导干部作为现实中的个体，面临的工作并不轻松，遇到棘手的问题也会出现心烦气躁、压抑苦闷的心理。许多领导干部一般不愿意找人倾诉，而是压抑自己的消极情绪，特别是一些领导干部事业心强、责任感强，保持很强的自控能力，很少向外人显露自己的情绪心理状态，压力再大也是独自承受，委屈再多也不予倾诉，极力克制、压抑、掩饰问题。有的不善于表达，有的不愿意表达，即便是对自己最亲近的人也有可能极力掩饰，更不用说主动倾诉和调节。这样下来，越是压抑消极情绪，人越可能变得消极，久而久之，导致心理失衡，产生抑郁。

三是负荷加重。在应对危机时，各种信息扑面而来，各种声音杂乱无序，一些领导干部被各种信息搞得焦头烂额。有的政策不稳定，规定要求一天多变，许多领导干部尤其是基层干部疲于应付，叫苦不迭。一旦出现意外事件，更是紧张忙碌、担心焦虑、忐忑不安。特别是在危机事件面前，一方面很想出色地干出点实事，另一方面又担心出格难以把握。不知道怎么干，也不知如何调整，导致身心疲惫，引发烦躁、紧张、悲伤、痛苦、埋怨、苦闷等各种情绪心理问题。

四是挫折感强。挫折感是一种使人沮丧的心理感受。在工作中，有成功也有失败，成功固然令人高兴，但失败也并非完全没有益处。如果能在挫折中磨炼意志，从失败中吸取教训，就能增强克服困难、应付挫折的能力。但也有部分人自我期望过高，对自身认识不足，总是要求事事完美，当事与愿违时，又不能容忍失败，内心承受力弱，就会产生强烈的挫折感，让消极情绪影响个人的思维和行动。

这些消极情绪和不良心态交织在一起，如果不及时干预，会对正常生活和工作产生烦扰，持久下去可能诱发抑郁、悲观、厌世的心理倾向。

二、情绪管理要得法

如何管理好自己的心态情绪？这既是一种能力，也是一种智慧。每个人都有情绪，有积极情绪也有消极情绪。积极的情绪会激发人们的工作热情和潜力，消极情绪若不适时疏导，轻则影响心身健康，重则使人走向崩溃。只有把握了情绪管理的门道，真正做情绪的主人，才不会被消极情绪桎梏，发挥其积极作用，才能练就“任凭风浪起，稳坐钓鱼台”的定力。

（一）保持乐观稳定情绪状态

面对困难、挑战和压力，什么是决定成功的要素？麦克斯威尔认为是领导者的态度——态度决定一切。他在北大的讲演中明确指出：“你感觉你能够战胜困难，你就可能战胜它；你想你应该成为怎么样的人，你就可能成为怎么样的人。”麦克斯威尔认为，态度实际上是一种思维方式，一种信念，一种内在价值观。内心怀有坚定信念的人往往遇事不慌、态度积极，在奋斗的道路上勇往直前、毫不退缩。

悲观者总是看到灰暗的一面，看到事物的消极面；而乐观者总是看到光明的一面。一个心态积极的人，必然能乐观地面对人生。而一个人拥有了积极的心态，他就已经成功了一半。爱迪生在发明电灯时，遭遇了两千多次的挫折失败。有人故意在大庭广众之下讥讽他：“听说你已经失败两千多次，请问你究竟收获了什么呢？”爱迪生淡然一笑，从容地回答道：“我的收获，就是找出了两千多个不适合作灯丝的材料。”爱迪生面对失败从容淡定，是因为有乐观的精神撑起了他的底气。

真正的乐观并不是指遇到事情只往好的方面想，而是敢于接受失败和挫折，以积极的态度去面对，相信问题一定会有办法解决，相信明天会更好。当我们保持乐观心态时，自然而然地就会产生积极情绪。俗话说：“人生不如意事十之八九。”领导干部在工作和生活中，会遇到各种各样的困难和挫折，尤其是在遇到特大自然灾害和公共事件时，会承担更大更多的责任。做好危机干预工作，不仅要解决遇到灾害群众的安置问题，还要布置任务，安抚民心，夜以继日地操劳。若能以乐观的心态从容地应对，就能战胜自我，实现超越。正如契诃夫说过的一句话：“要是火柴在你的衣袋里燃起来了，那你应当高兴，而且感谢上苍——幸亏你的衣袋不是火药库。”

（二）改变自我认知模式

美国临床心理学家艾利斯已经把中国的俗语“想得开”上升到科学理论的高度，他在20世纪50年代提出情绪ABC理论，他以一句很有名的话——“人不是为事情困扰着，而是被对这件事的看法困扰着”作为ABC理论理念上的起点。

所谓ABC理论：A指事件（accident）；B指信念（beliefs），也称为非理性信念，是指个体在遇到诱发事件之后，对该事件的想法、解释和评价；C指这件事发生后，人的情绪和行为结果（consequence）。通常人们会认为，人的情绪是直接由诱发性事件A引起，即A→C。ABC理论则指出，诱发性事件A只是引起情绪的间接原因，而人们对诱发性事件所持的信念、看法和解释才是引起情绪更为直接的原因，即A→B→C。

在日常生活中，我们不难发现人的不合理观念常常具有以下3个特征。

一是绝对化的要求。绝对化的要求是指人们常

延伸阅读

有这样一个小故事：一个老太太有两个女儿都做生意，大女儿是卖扇子的，小女儿是卖雨伞的。天晴时，老太太就为小女儿担忧，担心雨伞卖不出去；天阴时，老太太就为大女儿忧虑，担心扇子卖不出去。如此一来，老太太的日子过得很忧郁。邻居问她为何总是满脸忧伤。老太太说明情况。邻居笑着说：“老太太，你真好福气呀！天晴时，你的大女儿生意很好；天阴时，你的小女儿生意兴隆。”老太太听了，顿时豁然开朗，转忧为喜。

这其中蕴含怎样的道理呢？同样一件事，从不一样的角度去想，心情就会很不一样，人生的境界也会很不一样！

常以自己的意愿为出发点，认为某事物必定发生或不发生的想法。它常常表现为将“希望”“想要”等绝对化为“必须”、“应该”或“一定要”等。例如，“我必须成功”。这种绝对化的要求之所以不合理，是因为每一个客观事物都有其自身的发展规律，不可能依个人的意志为转移。对于某个人来说，他不可能在每一件事上都获成功，他周围的人或事物的表现及发展也不会依他的意愿来改变。因此，当某些事物的发展与其对事物的绝对化要求相悖时，他就会感到难以接受和适应，从而极易陷入情绪困扰之中。

二是过分概括化。这是一种以偏概全的不合理思维方式的表现，它常常把“有时”“某些”过分概括化为“总是”“所有”。用艾利斯的话来说，这就好像凭一本书的封面来判定它整体质量的好坏一样。它具体体现在人们对自己或他人的不合理评价上，典型特征是以某一件或某几件事来评价自身或他人的整体价值。例如，有些人遭受一些失败后，就会认为自己“一无是处、毫无价值”，这种片面的自我否定往往导致自卑、自责等不良情绪。

三是糟糕至极。这种观念认为如果一件不好的事情发生，那将是非常可怕和糟糕的。例如，“我没考上大学，一切都完了”“我没当上处长，不会有前途了”。这些想法是非理性的，因为对于任何一件事情来说，都会有比之更坏的情况发生，所以没有一件事情可被定义为糟糕至极。但如果一个人坚持这种“糟糕观”，当他遇到他所谓的百分之百糟糕的事时，他就会陷入不良的情绪体验之中，一蹶不振。

烦由心中起，每个人或多或少都会有一些不合理、偏颇的观念，它们会让自己陷入烦恼的旋涡。如果思维方式从一开始就是错的，那么我们就不可能拥有良好的心态和情绪。

在日常的工作和生活中我们会发现，有的人在与人竞争时，对自己提出超高标准和要求，以为有缺点就是可耻的事情；有的人只知道工作，认为不成功就不能停下来，从而让自己陷入了陀螺一样的生活里，却不断经历失望；有的人对任何事的细节都过度关注，一点点瑕疵和错误都不能容忍，常常钻牛角尖。这些不合理的观念日积月累，只会导致人们出现情绪障碍。因此，在日常生活和工作中，要学会识别自己的不合理观念，特别是处于突发危机事件时，强烈情绪反应会破坏个体对危机事件的认知，进而影响对危机事件的处理方式。这时就应多审视一下自己，看是否存在一些"绝对化的要求"、"过分概括化"和"糟糕至极"等不合理想法，把自己心里的那些错误观念铲除出去，有意识地用合理观念取而代之，对危机事件的性质与后果形成客观的判断，这样才能避免走上弯路。

（三）不要压抑也不要冲动

亚里士多德说过："任何人都会有发怒的时候，这没什么难的，但要是能适时适度，用适当的方式对适当的对象恰如其分地生气，那可就难上加难了。"诸如愤怒这样的负面情绪的确不好掌控。不要压抑，但也不要冲动行事。李安导演的电影《绿巨人浩克》，讲一个人一生气就会变成绿巨人，力大无比，没有人挡得住他。但是，事后平静下来会对愤怒时做的很多事情感到后悔。因此，当我们

延伸阅读

2016年7月23日，北京八达岭野生动物园一位女游客跟自己的丈夫争吵，在虎区私自下车被东北虎咬成重伤，她的妈妈跑下车想去搭救女儿，结果当场毙命。公布的现场视频把这位女游客的愤怒表达得淋漓尽致：私家车在虎区停车之后，她从副驾驶位置下车，怒气冲冲地跑到驾驶位置要拉她丈夫下车，男人把门关小，似乎是要求她尽快回去，这时候老虎冲出来叼走了女游客。因为一个人的愤怒，瞬间一死一伤，这是多么惨痛的教训！

被不良情绪所困扰，感觉“泰山压顶”时，一味地压抑是不可取的，这只会让负面情绪像山洪一样蓄积着，直到在极端时刻“决堤泛滥”，但如果不顾后果地发泄情绪，情况可能同样糟糕，甚至会造成无法挽回的后果。

或许这是比较极端的例子，然而在日常生活和工作中，因为愤怒而出口伤人、因为愤怒而拳脚相加的事例也不少，怎么做才能够不伤人伤己呢？比较稳妥的做法是转移并冷却心中的愤怒，然后再来处理问题。管理情绪的最高境界，是真正把握住情绪的本质，实现负面情绪的升华，化被动为主动，学会转移和释放。

（四）投身健康有益身体运动

研究发现，在对抗抑郁症方面，积极的身体锻炼是很有效的，甚至比一些药物更有效。《英国运动医学杂志》曾经公布过一项研究结果：半小时的有氧运动改善了抑郁症病人症状，甚至比抗抑郁药物的效果还明显。

人在快乐的时候，大脑会分泌内啡肽，而运动可以使人体内产生内啡肽。内啡肽是身体自己产生的一类内源性的具有类似吗啡作用的肽类物质，它是一种能让人产生幸福感的东西。当人们进行一定的运动时，体内的内啡肽会持续分泌。内啡肽的产生和运动的强度有一定关系，长时间的、连续性的、中高强度的运动和深呼吸是分泌内啡肽的条件。这种“快乐激素”能够排解人们的压力和坏情绪，让人变得愉悦和满足。

运动的形式是多种多样的，比如，跑步、打球，年龄大一点的人可以打太极拳或者散步。哪天心情郁闷了，那就跑一跑、动一动，在挥汗如雨之后，心情也会“雨过天晴”。

（五）寻求心理安慰

要多交朋友，多以智者为师，多交能者为友。特别是要多交富有正直心、正义感的朋友。遇到压力过重、情绪紧张或者烦恼苦闷时，及时找朋友倾诉，把愤怒、忧郁、压抑等消极情绪及时宣泄出来，自然就心情舒畅了。同时，家人的关心、同事的理解也是缓解情绪压力的一剂良药。当危机事件发生后，更应寻求社会支持，特别是家庭与组织的理解与支持，释放自己的压力和消极情绪，就能大大地缓解危机应激障碍的反应强度，从而尽快战胜危机。心理学家已证明，倾诉可以使人心情舒畅、可以帮助人们保持健康的心态。倾诉能很好地缓解心理压力，女人的平均寿命高于男人的平均寿命，这可能与女人爱唠叨是分不开的。高尔基说过："我相信，如果怀着愉快的心情谈起悲伤的往事，悲伤就会烟消云散。"

在此，善于倾诉不失为良策。倾诉首先需要有合适的对象，还需要有一点勇气。现实生活中，有的领导干部不喜欢倾诉，遇事苦闷憋屈，一方面是碍于面子，为了维护坚强形象；另一方面又担心自己的隐私得不到保障。因此，多数人宁愿选择自己面对，把痛苦埋藏在心里，压抑自己，郁积久了，就不堪重负了。

资料链接

三大情绪调整方法

1. 拥抱和按摩。美国加利福尼亚大学洛杉矶分校精神病学教授海拉·卡斯博士表示，人体脑下垂体后叶会分泌一种被称为"黏合荷尔蒙"的物质，会使人有抚摸和拥抱的欲望，同时上述动作也会刺激体内修复细胞分泌一种抗衰老、抗压抑的激素DHEA。其他形式的触摸，如按摩等也被证实有助于身体恢复。对那些进行开胸手术和心脏移植的患者定期进行按摩治疗，结果证明康复时间大大缩短，术后并发症也大大减少。

2.腹式呼吸法。如果感觉压抑，尽量让自己从中解脱出来，找一处清净的地方，用腹式呼吸法，深呼吸15下，意念集中，告诉自己一切都好，这样可以立竿见影地降低心率和血压。

3.积极心理暗示。将鼓舞人心的话写下来，经常看看，会对身体健康产生有益影响。如果能在头脑中生动地想象出积极的激励之语，它的作用和看真正的醒恒良言是一样的。把自己想象成爱笑的、高兴的、精力充沛的人，试图以这种感觉影响自己，你想得越活灵活现，这种方法就越有效。另外也可以不断给自己重复说些积极的话，如我觉得一天比一天更快乐、更无忧无虑，不断重复地自我提示会改善人的情绪、精力和健康状况。

应当强调的是，稳定的情绪、和谐的心理，是个体素质健全和身心健康的重要标志。当前，工作和生活节奏的加快，竞争的加剧，新问题新矛盾的不断涌现，人们的思想观念、价值取向、生活方式呈现多元化的趋势，给领导干部身心带来一定冲击。作为领导干部，除了要具有良好的政治素质、业务

延伸阅读

不困于心，不乱于情，把握智慧人生

《庄子·德充符》中写道：“人莫鉴于流水，而鉴于止水，唯止能止众止。”庄子告诉我们，一个人能控制自己情绪，能“止”得住胡思乱想，“止”得住无谓的心神消耗，才可以静下心来，心无旁骛，专心致志地做事，处理好人生层出不穷的问题。然而，很多人面对生活的至暗时刻，却任由情绪暴走，直到被负面情绪吞噬。一个人连自己的情绪都控制不住，再有能力也无济于事。情绪失控，只会让人失去理性，输掉自己；控制情绪，却能让人保持冷静，成就自己。

晚清名臣曾国藩曾因轿子的问题，无端遭受过一场羞辱。有一天上朝途中，曾国藩坐的四抬轿子，和某官员的八抬大轿相遇在狭窄的巷子。对方一看是四抬轿子，以为里面坐的是比自己身份低的官员。于是，借着没有及时让道的缘由，二话不说，让轿夫将曾国藩从轿里揪了出来，上去就是一耳光。结果，八抬大轿里的官员一看，是比自己官职更高的曾国藩，吓得慌忙下轿，叩头谢罪。面对对方的无

礼，曾国藩没有动怒，反而将这位官员扶起，笑着说道："是本官的轿子挡了大人的道，不怪你，不怪你。"遇到糟心的人和事，曾国藩的选择是一笑置之，而不是陷在自己的情绪里，一心想着报复。这样的人才能迅速调整自己，既赢得了别人的好感，也为自己节省出更多时间、精力，做自己想要做的事情。

控制情绪，是一种修养，更是一种人生智慧。一个能控制自己情绪的人，能定得住心境，而定能生静，静能生慧。拥有智慧，才能把握人生。人这一生，情绪决定心态，心态决定命运，命运决定生活。不困于心，不乱于情，控制好情绪，才能控制得了人生。

能力，还必须具备良好的心理素质，否则在各种困难和压力面前就会缺乏勇气和毅力，难以担当时代赋予的重任。而一个领导干部是否具备和谐的心理，直接关系到其能力的发挥、职责的履行、效能的提高，是否能处变不惊，在应急处突中沉着冷静地对待所面临的各种问题和挑战，提高情绪管理能力将是十分重要的一课。

第八章

增强『四个心』提高应急处突能力

2021年2月23日，中央召开了统筹推进新冠肺炎疫情防控和经济社会发展工作部署会议。习近平总书记在会议上强调指出，这次新冠肺炎疫情的暴发，是新中国成立以来发生的传播速度最快、感染范围最广、防控难度最大的一次重大突发公共卫生事件。面对突如其来的危机与挑战，没有退缩回旋的余地，只有迎接挑战，知难而上。为打赢这场新冠肺炎疫情防控阻击战、攻坚战，习近平总书记特别要求党员领导干部必须增强“四个心”：一是必须增强必胜之心，拿出战胜一切敌人而不被任何敌人所屈服的大无畏革命气魄，勇当先锋，敢打头阵，用行动展现共产党人政治本色；二是必须增强责任之心，把初心落在行动上、把使命担在肩膀上，在其位谋其政，在其职尽其责，主动担当、积极作为；三是必须增强仁爱之心，当好人民群众贴心人，及时解决群众所急所忧所思所盼；四是必须增强谨慎之心，对风险因素要有底线思维，解决问题要一抓到底，一时一刻不放松，一丝一毫不马虎，直至取得最后胜利。习近平总书记强调的必胜之心、责任之心、仁爱之心、谨慎之心，不仅对各级领导干部在面对重大事件经受考验时提出了新要求，也阐释了战胜新冠肺炎疫情，迎接危机与挑战的动力价值所在。党员领导干部的心力动力是否强大，是战胜疫情灾难的重要因素。

一、增强必胜之心

增强必胜之心，就是必须具备战胜艰难困苦的信心与勇气，这是打赢新冠肺炎疫情防控攻坚阻击战的精神驱动力。《道德经》讲过："胜人者有力，自胜者强。""自胜者强"讲的就是要有应对危机挑战的必胜之心。危机困难面前依靠外力扶持帮助是必要的，但最根本的力量在于自强自立。《周易》有言"天行健，君子以自强不息"，特别强调勇于拼搏、自强不息的精神品格。无数事实表明，困难并不可怕，可怕的是失去了奋斗的信心与气魄。沧海横流，方显英雄本色。中国人印象最深的一句话是毛泽东同志在《论联合政府》一文中说的，"这个军队具有一往无前的精神，它要压倒一切敌人，而决不被敌人所屈服。"这句话道出了人民军队大无畏的英雄主义气魄。只有满怀激情，拥有自信和敢于斗争、不怕牺牲精神的人，才能够战胜艰难险阻，方显英雄本色，这正是中国共产党人的精神品格。长征路上，毛泽东同志的"红军不怕远征难，万水千山只等闲"道出了共产党人的雄心壮志，激励了红军将士不畏艰难、勇往直前的革命英雄主义精神。新中国成立后，面对西方帝国主义的封锁和打压，毛泽东同志豪迈地发出："封锁吧，封锁十年八年，中国的一切问题都解决了，还怕困难吗？"人民领袖的自信与豪迈，点燃起全体中华儿女奋发图强的熊熊火焰，激发起人们忘我拼搏的牺牲奉献精神，创造了建设社会主义新中国的一系列辉煌奇迹。此次新冠肺炎疫情，给生活在和谐安宁中的人民群众添加了许多焦虑不安的成分，新冠肺炎疫情肆虐深刻影响现代人们生活的各个层面，严重扰乱了人们的正常生活节奏。

许多企业、学校停产、停课，社会经济秩序难以顺畅进行，人民群众的经济收入也受到冲击。这样的严峻形势是衡量和检验领导干部政治品格的试金石。增强战胜新冠肺炎疫情的必胜之心，就是要在危机挑战面前不畏艰险、敢于斗争、敢于胜利，要满怀信心、充满希望，要客观、辩证、深入地观察和分析问题，为打赢这场新冠肺炎疫情攻坚战注入强大的精神动力。习近平总书记强调：“新冠肺炎疫情不可避免会对经济社会造成较大冲击。越是在这个时候，越要用全面、辩证、长远的眼光看待我国发展，越要增强信心、坚定信心。”从社会历史发展的角度看，沧桑百年，潮起潮落，任何事情的发展都不是一帆风顺的。今天的中国，已经不是过去积贫积弱的旧中国，新中国成立70多年来，我们的国家日新月异，发展的成就举世瞩目，我们已经迈上了全面建设中国特色社会主义现代化国家的历史征程。我们党经过百年沧桑岁月的洗礼，已经成熟壮大，成为世界上第一大党，其执政力、领导力是世界上任何其他政党无法相比的。从新冠肺炎疫情发生之日起，我们党就建立了强大的新冠肺炎疫情防控阻击系统。党中央成立了新冠肺炎疫情防控领导小组，习近平总书记亲自挂帅，亲自指挥，亲自部署，全国上下紧急动员起来，显示出强大的应急反应能力和组织动员能力。成千上万医疗医护人员奔赴一线，成百上千吨各种救援物资源源不断运往一线，千家万户响应政府号召采取隔离应对措施。众多企业放弃节假日加班加点生产救灾所需物资。14亿多中国人按照新冠肺炎疫情防控要求减少外出流动，这样的场景举世罕见。可以充满自信地讲，有以习近平同志为核心的党中央的坚强领导，有伟大的中国特色社会主义制度优势，有中国共产党人的政治领导力和组织协调力，有改革开放40多年来积累的综合国力，有全国各族人民上下同心团结奋斗的凝聚力和向心力，我们完全能够战胜困难与挫折。作为党员领导干部，必须增强战胜新冠肺炎疫情的必胜之心，不仅看眼前，更要看长远，不仅看现实，还要看发展。如果仅因为眼前的一点困难和挫折就失去了战胜困难的信心勇气，就失去了共产党人的气魄和精神，丢掉了共产党人的政治本色，就难以发挥党员领导干部的先锋带头作用，最终在风浪考验面前自乱方寸，败下阵来。

二、增强责任之心

增强责任之心，必须具备对组织忠诚和使命担当。疾风知劲草，板荡识诚臣。习近平总书记强调，增强责任之心，把初心落在行动上、把使命担在肩膀上，在其位谋其政，在其职尽其责，主动担当、积极作为。应当说，责任心、使命感与形式主义、官僚主义是格格不入的。为什么在新冠肺炎疫情防控紧要关头，有的地方部门失职失责，饱受诟病，造成舆情沸腾，其主要原因就在于有些领导干部责任心缺失：总是好大喜功，喜欢夸夸其谈，善于掩饰矛盾，总是把大问题说成小问题或没问题，把工作失职失误掩饰成经验缺乏或条件限制等，说别人多，检讨批评自己少。没责任就难以担当，担当担的就是责任。责任担当主要有3层含义：一是一种态度，是个体参与、感受、共享的积极心理体验。二是一种情感，责任心是对人生充满激情的渴望，是对群众安危和利益强烈的关切和同情，是对国家民族深沉的爱。三是一种担当行为，责任心的价值体现在担当行为上。勇于担当的不仅是责任义务，更多的是困难和危机。领导干部在困难面前迎难而上，在利益面前为民做主，不是空喊口号，更多体现在实际行动上。基层群众反映强烈的是一些领导干部“只想当官不出力、只想揽功不担责、只想谋权不舍利”的怠政懒政现象，在新冠肺炎疫情防控中被纪检监察机关查处的大量失职渎职行为，并不一定都是领导干部思想观念或能力水平上的问题，实质上是责任心不到位的问题。责任担当主要体现为5种精神。一是对自己负责的精神。对自己负责不是明哲保身，自我放弃，工作中不干事少出事。而是主动担当，积极主动，力求多干事、尽量干好事、努力干成事。二是对组织负责的精神。责任心要求领导干部忠实贯彻执行党的各项方针政策，在党组织的召唤面前全力以赴。有的领导干部有利可图则趋之若鹜，无利可图则敷衍塞责，对上级布置的任务能拖就拖，甚至阳奉阴违对待组织，搞上有政策下有对策。在新冠肺炎疫情防控中，少数干部的怠政懒政“偷闲”和侥幸麻痹心态，折射出其责任精神的弱化。三是对地区部门发展的负责精神。为官一任，守土有责。当官不能推卸责任，而应积极面对问题与矛盾。没有问题就不需要领导干部。对地区部门发展负责不是急功近利，不是对存在的影响地区事业发展的严重问题、尖锐矛盾视而不见，热衷于作表面文章，而应是精心谋划、把握全局，抓住地区部门发展中存在的关键问题，采取有力措施，组织力量抓紧解决。四是对群众利益的负责精神。官员的责任心，还体现在对维护群众利益的态度和行为上。托尔斯泰曾经说：“一个人若是没有热情，他将一事无成，而热情的基点正是责任心。”对群众负责就是要满腔热情，真心实意维护人民群众利益，在工作中倾听基层群众呼声，想群众之所想，急群众之所急，盼群众之所盼，多替群众分忧解难。五是对未来发展负责的精神。每一项规划设计，每一个重要决策发布之前，都要深入开展调查研究，既要能够解决现实迫切关注的重大问题，更要注重长远事业发展，把人民的生命健康放在首位，以此得到人民群众的拥护支持。

三、增强仁爱之心

增强仁爱之心，必须具备忧民、爱民、为民、惠民的情怀，这是共克时艰，增强凝聚力、向心力的重要保证。病毒无情人有情，新冠肺炎疫情肆虐，绝不能袖手旁观，置之度外，更需要相互扶持，共赴时艰。仁爱之心就是温暖，就是力量，就是信心和希望。具备利他仁爱之心，既是做人的美德，也是党员领导干部的天职。我们党的宗旨就是“全心全意为人民服务”。“全心全意”讲的是“心理情感体验”，心要真诚，情不真心不诚就谈不上“全心全意”。“为”既指行动力，也指个人行为。这个“为”就是有作为，就是要有表现力，要付诸行动。“人民”是“为”的对象。积极有为是在人民面前表现出来的。为自己表现就失去了“全心全意”的本意。“服务”是行动的方式方法。做好服务，态度很重要，要虔诚、虚心，要真诚可靠。如果不能“全心全意”就难以有所作为，就谈不上“服务”的价值意义。从这个意义上而言，真正做到“全心全意为人民服务”，一个基本前提是必须具备仁爱之心。积极心理学研究认为，利他仁爱行为是一种积极行为，是个人身心健康的愉快体验。现实生活表明，个人从关心他人中所获得的快乐满足感要远远高于自己得到的快乐。《大学》中开宗明义讲到“大学之道，在明明德，在亲民，在止于至善。”这里的“明德”目的，就是为了“亲民”。“亲民”需要利他关爱心，只有在利他关爱心得到满足的基础上，才能够达到“止于至善”的目标境界。《孟子·尽心上》讲：“古之人，得志，泽加于民；不得志，修身见于世。穷则独善其身，达则兼善天下。”在此，“得志”就是实现的抱负理想和所取得的显著成就。对于领导干部而言，仅考虑“得志”是远远不够的，最重要的是“泽加于民”，让大家分享收获的喜悦，共同体验成功的愉快感受。领导干部被称为“人民公仆”，作为“公仆”的重要使命就是以利他为行为目标，这样才能胜任“公仆”角色，不辜负这一崇高称谓。2019年3月1日，习近平总书记在中央党校（国家行政学院）中青年干部培训班开班式上的讲话中指出：“为什么人、靠什么人的问题，是检验一个政党、一个政权性质的试金石。”“干部要怀着强烈的爱民、忧民、为民、惠民之心，心里要始终装着父老乡亲，想问题、作决策、办事情都要想一想是不是站在人民的立场上，是不是有助于解决群众的难题，是不是有利于增进人民福祉，不断增强人民群众获得感、幸福感、安全感。”在此，“爱民、忧民、为民、惠民之心”说到底就是仁爱之心。是发自内心对人民群众生命健康的关爱。尤其在新冠肺炎疫情防控的艰难时刻，更要时刻想着群众的安危，时刻不忘珍惜人民群众的生命财产。党员领导干部要不忘初心，履行使命，首先要有爱民、忧民、为民、惠民的仁爱之心。这种爱就是大爱，就是胸怀，就是境界。习近平总书记特别强调：“怀有仁爱之心，危难关头就是要引导全社会关爱确诊人员、隔离人员和病人家属”，他们的心理熬煎也许比其他任何人体验得更深刻。在新冠肺炎疫情防控的时时刻刻，我们都被一些基层干部、群众的大爱精神感动，有的医护人员、公安干警、社区干部奋斗在第一线，忘记个人安危，牢记组织重托，不辱使命，一心一意为老百姓做实事，他们不计较个人得失安危，而是体验到危险岗位的重要感和自豪感，最终是仁爱心理上的幸福感。正是源于这种仁爱心态的影响作用，在新冠肺炎疫情防控中许多党员领导干部努力拼搏实现着自我价值。应当强调的是，先进英雄人物都是付出了更多心血乃至生命的人，对于奋战在一线的医护人员、公安干警、基层干部，组织上更要多关心多帮助，许多怀有仁爱之心全力帮助他人的人，更需要全社会的仁爱力量给予温暖和关怀。

四、增强谨慎之心

增强谨慎之心，必须具备危机意识和忧患意识，时刻防患于未然，《道德经》说：“天下难事，必作于易；天下大事，必作于细。”告诉我们，做任何事情都要从小的地方、从细微的地方开始入手。古人谆谆教导后人，要防微杜渐，既要慎独，还要慎微，否则，一着不慎满盘皆输。从某种程度上而言，人类借助于现代科技手段获得的认知早已今非昔比，但这些认知包括对大自然的认知还是远远不够的。尤其在生命科学脑科学领域，我们还处于探索阶段，有的地方还是未知状态。这就要求我们必须小心谨慎，要时刻具有危机感和不确定心态，注意防患于未然。习近平总书记讲道，党员领导干部“必须增强谨慎之心，对风险因素要有底线思维，对解决问题要一抓到底，一时一刻不放松，一丝一毫不马虎”。这就要求我们的各级领导干部要具备风险意识，对待突发事件及其演变状态要谨慎小心，决不能主观武断或敷衍了事。须知群众利益无小事，要有预见性和敏感性，“一时一刻不放松，一丝一毫不马虎”，否则就是忽视生命，就是草菅人命，就是对人民生命安全的极端不负责任，就没有底线思维，就会发生失职渎职行为。应当说，谨慎之心是领导干部的处事原则和职业素养。《群书治要》卷三十六《尸子》就告诫为政者须行有四仪：一是志动不忘仁；二是智用不忘义；三是力事不忘忠；四是口言不忘信。若能“慎守四仪，以终其身”，则“名功之从之也，犹形之有影，声之有响也”。疫情无小事，生命重于天，每一位领导干部必须尽职尽责，尽心尽力，决不能疏忽大意，敷衍塞责。增强谨慎之心，重在提升领导干部的政治素质和专业能力水平。危急时刻每一个领导干部责无旁贷，必须身临一线，坚持身体力行，做好深入细致的调查研究和耐心细致的群众工作，真正把问题解决在萌芽之时、成灾之前。增强谨慎之心，也检验着领导干部专业素养和风险认知水平。习近平总书记强调指出：“这次疫情防控工作中，一些领导干部的治理能力和专业能力明显跟不上，必须引起高度重视。”为此，必须从建设高素质专业化干部队伍的目标要求出发，补短板、堵漏洞、强弱项，着力提高领导干部应对突发重大公共卫生事件的专业能力和综合驾驭能力，把政治能力建设与专业能力提升紧密结合起来。

无心则无力。增强必胜之心需要的是信心与勇气；增强责任之心需要的是担当与使命；增强仁爱之心需要的是忠诚和热情；增强谨慎之心需要的是理智和严谨。这些“心力”是相互融合的，共同影响作用于领导干部的言行举止当中，体现在每一个从政态度行为和情感体验当中。危难险重时刻，彰显品德境界。在新冠肺炎疫情防控中发生在身边的每一位英雄人物的感人故事告诉我们，只要心中有爱、心中有民，必然心中有乐、心中有情，我们的内心充满力量，必然豪情万丈，任何艰难困苦都难不倒满怀希望的追求者，都压不垮奋发图强的新时代中国人。

第九章 正确把握和引导换届前后干部心态

地方各级领导班子换届选举是政治生活中的一件大事。换届工作要想取得成功、获得干部和群众的支持与拥护，需要纪律到位、组织到位、责任到位、工作到位，更需要相关人员具备良好的心理状态。积极健康的心理状态对于顺利开展换届选举工作，如期圆满完成领导班子的新老交替，营造政通人和、风清气正的良好政治生态环境，确保换届年各项工作开好局、起好步是至关重要的。

一、换届过程需要保持积极健康心态

积极心理学研究认为，乐观向上的精神状态、主动积极的工作态度、认真负责的专业精神、知难而上的信心勇气、矢志不移的奋斗追求等是组织与个人取得成就或成功的根本所在。热情、支持、信任、参与、欣赏、爱戴等这些积极情绪不仅让人的心理感觉更好，还能扩展视野、开阔胸怀、融洽人际关系、提高创造性，这种情绪状态就是积极心态。妒忌、仇视、焦虑、担忧、埋怨、愤怒等负面情绪状态就是消极心态。消极心态会造成心理危机，诱发种种心理疾病。在换届前，有的干部积极热情、主动参与、满怀信心，充满期待与热望，有的干部却百般愁绪、压抑痛苦、忐忑不安，陷入紧张困扰中难以自拔。对待同样一个领导岗位，有的人上任时信心十足、情绪饱满、轻松对待，有的人却忐忑不安、自卑伤感、郁郁寡欢。对于每一个领导干部来讲，怀揣梦想，干事创业，希望得到提拔重用，获得更多的表现和成就，这种心理愿望是普遍存在的。如何使愿望变成现实，往往要经过各种各样的曲折与反复。在这个过程中要树立正确的权力观、地位观和荣誉观。既要沉下心来做事，也要愉快开心地生活。应该认识到，爱岗敬业、坚守忍耐、脚踏实地，这是正确对待事业和工作的心理基础。换届前后都要使自己拥有良好的心理状态。换届伊始，当被群众支持信赖的领导干部得到组织任命，接过前任手中的“接力棒”时，应当备感欣慰和高兴，并对新班子成员给予美好的祝愿和祝福。怀有这样的良好心态，不仅能够增强领导班子团结，对即将走马上任的领导干部也是难得的激励力量。如果只看到他人的选票和鲜花，没有看到其履职岁月经受的种种考验和磨难，稍微有不如意，便感到郁郁寡欢，产生挫折失败感等，只能说明自己的心态被负面情绪所包围，已处于消极状态。消极心态不是增力的，而是减力的，会耗损自己的精神斗志，影响自己的工作和生活以及同事之间的团结合作。拥有健康积极心态，对于进一步增强工作积极性、主动性，维护领导干部的良好形象是非常重要的。

二、换届当中的消极心态及其表现

换届前后不难发现，有的领导干部行动积极，有的冷淡观望，有的心境明朗，有的愁苦忧伤。应当强调的是，在换届中大家的参与积极性普遍高涨，热情关注，互相给力，团结协作，理解信任，地方换届中领导干部的政治心理是积极向上的。党中央对良好的政治生态环境建设的力度不断加强，对于地方换届工作起着重要的保障作用。但从心态体验上而言，由于一些领导干部心理准备欠佳，自我认知失调，对利益得失看得较重，自身修养不足，还存在许多心理困惑或矛盾需要纾解。换届中的消极心态及其心理问题主要表现在以下几个方面。

（一）仕途上的焦虑困扰增多

心理学研究认为，当个人面对生活中的重要变故，尤其是面对不确定性的结果时，总会产生不安全感，这种不安全感会让人感到紧张焦虑。紧张焦虑与结果的难把握或目标的变化有关，一般来说，对结果的担忧越多，焦虑感就越强。此外，焦虑还与追求动机水平有关。追求动机越强烈，焦虑紧张感就越明显。换届选举是政治生涯中的一件大事，尤其是处于换届中的干部感受更加直接。有的领导干部默默耕耘、勤奋敬业，被组织上考察推荐为领导班子候选人，对能否如愿以偿心存疑虑；有的从政多年、经验丰富，对能否把握机遇也是忐忑不安；有的年富力强、精力充沛，渴望勇立潮头担当重任也暗自跃跃欲试。每个人都有施展才能的政治抱负。让一位从政多年的党政干部，在面对组织召唤时表现得超脱漠然，这也不合情理。成就动机的驱使和选举结果的“不确定状态”，会造成换届过程中个人的紧张焦虑。这种紧张焦虑心理持续加重，时间久了会加重心理负荷，影响到身心健康以及工作和生活的方方面面。

（二）职位上的攀比心理失衡

攀比在本质上是由心理期望过高，而自身能力相对不足以及认知水平有限引起的。心理学认为，攀比源于人们内心中追求虚荣的本性。攀比心就像是一把双刃剑，从积极的方面来看，它可以激发斗志、焕发朝气、激发潜能，促使人奋发向上，成为生活和事业发展的动力；从消极的方面来看，它会膨胀人的虚荣和欲望，造成心理严重失衡，产生种种心理不适感。换届选举中的一些违纪违规行为，多是攀比心态诱发的心理失衡造成的。严重的攀比心态会降低判断力，使有的人失去理性，在选举中不能正确面对自己，不能正确面对组织。由攀比产生的埋怨、失落会造成人际关系紧张，影响到领导班子的团结稳定。古人云："祸莫大于不知足，咎莫大于欲得。"消解换届选举前后的攀比之风，这是净化官场政治生态，提振干部"精气神"的重要内容。

（三）人际氛围上的孤独苦闷加重

心理学研究认为，人之所以会产生孤独感，是因为社会情感支持的缺失。个人所需要的社会支持，往往与内心的情感需要相匹配。依照马斯洛的需求层次理论，人们在满足了生存的基本需求后，会进一步产生对爱与归属感的需求。当这种归属感缺失时，孤独感也就油然而生了。换届选举需要亲情力量的关爱支持，需要满足归属感和价值感。有的领导干部之所以会产生强烈的孤独苦闷心理，在于自己的主张或心愿不被理解，无法找到合适的表达机会，只好憋在心里。孤独感的另一种表现形式就是心理压抑和情感冷漠。其主要表现：一是个别干部存在严重的心理封闭。过分担心自己的一言一行会影响选举结果，不敢接触他人，不敢做事，生怕会出现差错，在紧张不安中干脆把自己圈起来，变得小心翼翼。二是过于拘谨严肃，内心负荷太重。关注外界的形势变化，但不轻易表态，绝不发表自己的主张，就连平常热情健谈者此时也变得沉默寡言。三是敏感多疑。对自我形象过分关注，对上级领导的言行更加敏感，尤其是作为候选人特别关注网络媒体评论，一旦有风吹草动，就心绪不安、紧张失眠。四是无端埋怨。换届结果没能如愿，便无端怀疑他人，哀叹人生不易，埋怨世道不公，变得消沉冷漠。应当看到，换届选举是政治生活的一件大事，但不是个人生活的全部内容。领导干部要以平和理性的心态看待换届中的个人得失，以豁达宽广的胸怀看待人生的起起落落。要善于倾诉交流，积极沟通合作，构筑一道抗拒“孤独”的心理防线，增强心理承受能力。

（四）职场竞争中的妒忌心理侵袭

妒忌是一种对他人取得的成功产生的怨恨、恐惧和忧虑的负面情绪，是一种扭曲的、不健康的心理现象。从心理学的角度看，妒忌是内心深处“我”的位置过于膨胀，潜意识里认为别人好了就会对自己不利。换届选举中，妒忌的对象往往是对方获得了机会或得到了重要成就，包括换届前后他人获得荣誉、职位等。妒忌轻则表现为紧张恐惧、烦躁不宁；重则表现出拒绝、仇视、攻击伤害等心理问题及障碍。换届中出现的嫉妒心理，对领导班子团结合作，对部门开展工作，对干部事业前途都影响巨大。为此，应加强对领导干部品德修养方面的教育培训，提升修养水平。要摆正位置，将心比心，客观看待自己，正确对待他人。许多人之所以成功，是因为比自己更努力，付出的辛苦代价比自己更大。“胸前戴满鲜花的人，背后伤痕累累”就是这个道理。

三、引导换届前后心态，需要弘扬正气，激发心灵能量

换届选举是对领导干部政治能力和政治人格的考验，也是对健康心态的考验。推进中国特色社会主义现代化伟大事业，需要选拔培养一代又一代、一批又一批奋发有为、敢于担当的领导干部；需要各级领导班子奋勇前行；需要崇尚信念，坚守目标，不忘初心，牢记使命。每个领

导干部都要为党的事业恪尽职守，尽心尽力，积极有为。

（一）激发心灵能量，涵养正气，提振“精气神”

激发心灵能量就是倡导内在力量，培育涵养正气。正气在身，邪不可干。正气集中体现为“精气神”。天有三宝日月星，地有三宝水火风，人有三宝精气神。领导干部的精气神体现在以下几个方面：一是“志气”。“三军可夺帅也，匹夫不可夺志也。”习近平总书记在十八届中央纪委三次全会上的讲话中说道：“我们共产党人特别是领导干部都应该心胸开阔、志存高远，始终心系党、心系人民、心系国家，自觉坚持党性原则。”对于每一位领导干部来说，就要树立远大目标，胸怀天下，要有一种跳起摸高、争先进位的豪气，击鼓奋进、乘势而上的胆气。二是“骨气”。骨气与信仰价值有关，为民做主需要骨气，有崇高信仰的人就必然有骨气。骨气是缘于人格和尊严的一种坚贞气节，常表现出“为官避事平生耻，视死如归社稷心”的豪迈之气。如果“缺钙少气”，就谈不上骨气。三是“大气”。大气就是一种浩然正气，是一种阳刚之气。孟子曰：“我善养吾浩然之气。”浩然之气是个人的气质或气度，是一个人内心世界的一种外观表现。古人把“为天地立心、为生民立命、为往圣继绝学、为万世开太平”作为个人的志向和担当，这就是心中有“大气”的集中体现。四是“和气”。“礼之用，和为贵”，和气就是亲和力。亲和力是在推进工作过程中不可忽视的重要力量。每一个领导干部应该把亲和力作为一种人格气质和魅力，成为一种必备的品质。换届前后要和睦友善，上下相亲。把群众冷暖放到心上，倾听群众呼声，多为群众办好事、办实事。五是“底气”。领导干部的“底气”，指的是推动事业发展的锐气、驾驭复杂局面的大气、团结带领群众的和气、促进自身完善的元气。底气来源于扎实的理论功底和积极的实践活动，来源于人民的支持拥戴，来源于群众满意度。

（二）激发心灵能量，需要转换思维角度，提升自我认知力

良好的自我认知是心理成熟的标志。《道德经》有言："知人者智，自知者明。"换届选举中转换思维，客观看待评价自己，具有良好的自我认知能力，对于增进干部心理健康水平是非常重要的。一是调整姿态。调整姿态就是对标先进人物和优秀干部，见贤思齐，正视自己的差距和不足，提升思想境界和道德情操，消解埋怨失落心理。同时，要摆正位置，对标基层呼声，要把爱民、忧民、为民、惠民落实到工作中，以提高人民群众的获得感、幸福感和安全感为己任，增强自信心和荣誉感。二是转换位置。转换位置就是放弃固执心态，不坐井观天，要用发展的眼光看待生活中的一切变化。要积极面对未来，充满乐观自信，积极有为，奋勇前行。要注意观察外界环境要求，及时校正目标，不断地调整适应，增长领导智慧。三是转换角度。角度不同，心理感受也不同。换届选举中既要观察别人，更要检视自己，倾听心的呼唤，了解自己的心理需要和情绪情感，不人云亦云、随波逐流，保持大脑的冷静和清醒。同时，要关注自己的言行举止，不能模糊领导干部角色，要履行好承担的重要职责使命。

（三）激发心灵能量，就是克服僵化心理，增强心理灵活性

心理学研究表明，心理灵活性是心理健康的重要基石。心理灵活性的对立面是心理僵化，即刻板、缺乏环境敏感性。心理僵化时，一旦人与周围环境的动态相互作用遭到破坏，反应往往会变得刻板化和不灵活。增强心理灵活性，需要"四个开"。

一是看得开。看得开不是让人看淡，而是要放眼世界，看到远方。

看淡容易使人消沉，看得远则使人心情振奋。看得开需要眼界和胸怀。一个干部的成长如果只靠几次换届来说明自己的成功是远远不够的。换届提供的只是机遇和条件，但要使机遇条件变成现实中的业绩成就，需要脚踏实地，行稳致远。行得稳需要积累沉淀下来，走得远需要信念目标不动摇。要把换届得到的收获看作人生的宝贵财富，既要珍惜，也要善待。以崭新的精神面貌投入工作和生活中，虚心学习，谨慎从事，积极拼搏，交出一份人民满意的答卷。

二是想得开。《道德经》说过："祸莫大于不知足，咎莫大于欲得。故知足之足，常足矣。"换届中面对愿望难以实现时，可以试着用"甜柠檬"的自我安慰法。甜柠檬心理是指个人知道自己眼下的境况很不理想，却对自己说："这不是挺好的嘛！"也就是人们经常说的"知足常乐"。"汉语拼音之父"周有光教授在"文化大革命"时期被打成"反动学术权威"，下放到宁夏平罗县"五七干校"劳动。这样的境遇，对别人来讲也许是场灾难，他却当成了调节身体、治疗长期困扰自己的失眠症的好机会。在集体劳动中，他抢着干重活、累活，几年下来，不仅治好了失眠顽症，身体也比以前强壮了许多。谈到干校那段经历时，周有光格外感慨："这是因为上帝和我的私交很好，他老人家知道我失眠，就特意安排我去了那个地方治疗，结果，还真管用了呢，我的失眠症治好了，一直到现在我都不再失眠。现在看来，与上帝有私交还真沾大光呢。所以，我跟老伴都相信一句话——'塞翁失马，焉知非福？'遇到不顺利的事情，不要失望。"

三是解得开。解得开就是方法好，路子多，能力强。解得开既需要借智，也需要借力。借智就是要利用知识的力量充实自己，从书本典籍中学习体会，从历史名人传记中获得启迪，从干部从政经历中得到鼓舞，还要善于从互联网中获得知识信息；借力就是要找身边的领导和同事朋友寻求帮助指点，找心理专家咨询，必要的话还要找专业机构求助，以及时纾解面临的各种心理疑难和困惑。

四是悟得开。中国文化特别重视“悟”的意义。“悟”有领悟、觉悟、醒悟、感悟、顿悟之说。习近平总书记要求领导干部要善于从政治上看问题，不断提高政治判断力、政治领悟力、政治执行力。从政治领悟力的高度出发，纾解换届前后出现的心理压力和纠结困惑，增加心理灵活性，需要“悟得开”：一要领悟。深刻领悟换届选举对加强党的建设、巩固党执政地位的重要意义，要进一步增强政治责任感和使命感。二要感悟。真切感受换届纪律规定的“十个严禁”的初衷，进一步增强自觉性和紧迫性。三要觉悟。就是加强个人修养，提升思想境界。换届选举不是为了满足个人利益，而是为了党的事业，人民的期待，要把换届当作人生的驿站，把自己的前途与党和人民的事业紧紧融为一体，不辜负时代的召唤。四要体悟。真正摆正自己的心态，不以官职大小论高低，而要以肩负的使命和作出的贡献看高低，不以成败论英雄，增强自我调适力。五要开悟。开悟就是不执着，洒脱自然，活在当下。禅宗有言：迷时师度，悟时自度。只有悟得开，悟得透，想得明，看得远，才能真切体验到“宠辱不惊，看庭前花开花落；去留无意，望天上云卷云舒”的坦然与美妙。

资料链接

积极情绪和消极情绪问卷（PANAS）

说明：这个问卷包括若干个描述情感和情绪的词语。阅读每一项并圈出合适的答案。指出你现在（意思是就在此时）在这些情绪上处于何种程度。

序号	题目	分值				
		1	2	3	4	5
1	有兴趣的	非常少或完全没有	有一点	中等	较强	非常强
2	痛苦的	非常少或完全没有	有一点	中等	较强	非常强
3	兴奋的	非常少或完全没有	有一点	中等	较强	非常强
4	难过的	非常少或完全没有	有一点	中等	较强	非常强
5	强烈的	非常少或完全没有	有一点	中等	较强	非常强
6	内疚的	非常少或完全没有	有一点	中等	较强	非常强
7	惊恐的	非常少或完全没有	有一点	中等	较强	非常强
8	敌对的	非常少或完全没有	有一点	中等	较强	非常强
9	热忱的	非常少或完全没有	有一点	中等	较强	非常强
10	骄傲的	非常少或完全没有	有一点	中等	较强	非常强
11	易怒的	非常少或完全没有	有一点	中等	较强	非常强
12	警觉的	非常少或完全没有	有一点	中等	较强	非常强
13	羞愧的	非常少或完全没有	有一点	中等	较强	非常强
14	鼓舞的	非常少或完全没有	有一点	中等	较强	非常强
15	神经质的	非常少或完全没有	有一点	中等	较强	非常强
16	有决心的	非常少或完全没有	有一点	中等	较强	非常强
17	关怀的	非常少或完全没有	有一点	中等	较强	非常强
18	紧张的	非常少或完全没有	有一点	中等	较强	非常强
19	活跃的	非常少或完全没有	有一点	中等	较强	非常强
20	害怕的	非常少或完全没有	有一点	中等	较强	非常强

注：积极情绪得分为第1、3、5、9、10、12、14、16、17、19题的得分之和。
消极情绪得分为第2、4、6、7、8、11、13、15、18、20题的得分之和。

第十章 推进领导干部心理健康服务体系建设

建设高素质专业化的干部队伍，是党的十九大提出的加强党的建设的目标要求。高素质包括政治素质、知识素质、道德素质、能力素质，还包括重要的心理素质。加强领导干部心理健康能力建设，对于建设高素质专业化的干部队伍至关重要。同时，领导干部心理健康能力建设需要以健全的心理健康服务体系为支撑。政治生态与心理生态是相互呼应、相互促进的。加强心理健康服务体系建设，重在呼应政治生态建设，优化领导干部的心理生态，及时解决干事创业过程中因心理压力过载、心理冲突过多等导致的心理动力不足的现实问题，激发新担当、新作为的成就动机，培育奋发有为、自信乐观、积极向上的从政心态，促进领导干部身心发展。紧密围绕新时代领导干部肩负的崇高使命，聚焦加强党的建设和建设高素质干部队伍的目标要求，围绕提升领导干部的执政本领，加强领导干部心理健康服务体系建设，需要从以下几个方面入手。

一、政策执行

从政策执行层面上来讲，要把领导干部心理健康工作纳入党政机关、党校干部教育培训。近年来，领导干部心理健康问题越来越受到重视。2011年中纪委、中组部、监察部联合印发《关于关心干部心理健康提高干部心理素质的意见》，2013年中央国家机关工委印发《关于进一步推进中央国家机关职工心理健康服务工作的意见》，2016年至今，中央部委相继出台了一系列关于加强心理健康服务体系的文件，有力地推动了全社会心理健康活动的开展。但是在具体执行中，尚未形成很好的政策执行力，领导干部心理健康服务工作仍需在更加清晰具体的政策指引下进一步推进。比如，专业权威的领导干部心理健康服务机构尚未建立、设置心理训练中心的党校（行政学院）仍屈指可数、很多领导干部主题班次并未设置心理健康课程或者课程针对性不强、各级单位落实心理健康工作的具体负责部门不明晰、心理健康服务经费列支没有明确依据等。为此，需要进一步细化领导干部心理健康服务的政策，建立健全制度，逐步完善工作机制。针对党校（行政学院）设立心理训练中心和配备心理健康专职教师、组建和培训兼职心理辅导员队伍、各级行政单位内部设立干部心理减压室、引入第三方心理顾问服务、定期的心理健康体检与心理疗养等进行明确的政策规定，同时明确各级单位具体的负责机构和专项的经费支持，确保领导干部心理健康服务工作有据可依、有序开展，真正把新时代党对各级领导干部的关心关爱落到实处。

二、机制建设

在机制建设上，要着力构建以各级党校系统为主阵地的领导干部心理健康科研咨询体系。发挥党校（行政学院）密切联系各级领导干部的独特优势，建立起以心理训练中心为依托的领导干部心理健康研究基地，开展分级分类的调查研究和针对性的理论应用研究，形成真正贴近领导干部需求和促进领导干部心理生态优化的心理健康研训体系。通过大样本研究、参与观察、座谈访谈等方式方法，加大对各级领导干部心理状况的分析研判，精准评估各级领导干部的心理状况，识别各级领导干部在心理健康服务上的需求，定制开发针对性的心理培训课程。建立各级党校（行政学院）心理训练中心的联动研究机制，加强数据信息共享，定期开展全国性的领导干部心理健康抽样调查，形成全国性的领导干部心理健康调查报告，为领导干部心理健康工作的政策制定提供依据，并据此针对性地向各级领导干部进行心理健康知识科普，同时也为各级党校（行政学院）的心理培训课程更新提供重要的参考资料。

三、操作内容

在操作内容上，要着力完善党校（行政学院）系统心理健康培训内容和课程体系设置。目前，党校（行政学院）系统心理健康培训不同程度地存在宽泛化、鸡汤化、游戏化、同质化等情况，因与领导干部心理健康的“痒点”“痛点”“兴奋点”等严重脱节，导致学员感觉心理培训不接地气和不解渴，认为心理调适课程就是“随便玩玩”“让大家放松一下”。领导干部在心理健康方面需求旺盛且迫切，但对心理培训课程的学习兴趣不高，这成为一个真实存在的悖论。针对这种情况，将党校（行政学院）作为领导干部心理健康服务的主阵地，推进心理健康服务体系建设，需要以师资队伍建设为抓手推进心理健康培训课程体系建设。首先，要加强心理健康师资培训，把师资队伍建设摆在加强领导干部心理健康服务的突出位置，通过师资培训提高各级党校心理健康教师的心理学专业理论素养和培训教学胜任力，使各级党校（行政学院）的心理培训课程能够帮助学员切实化解心理困扰和提高心理调节能力。其次，加强精品课程、优秀师资、学科带头人的评选，用名师名课服务好领导干部心理健康工作，同时带动整个师资队伍的发展。再次，加强心理培训课程体系建设，建立包括压力管理、情绪调节、心态管理、职业心理健康维护、心理资本提升、从政心态优化、廉政心理建设、领导与管理心理能力提升等在内的系统实用的心理培训课程体系，将课程切分清楚，把课程内容做细做实，确保学员能够真正体验到心理培训课程的实用价值。最后，加大教学形式的创新力度。通过团体心理辅导为领导干部创设更好的融入体验并获得更多的心理支持；通过生物反馈技术、脑波干预技术等先进技术手段的运用，创设人机交互的心理调适场景体验，即时反馈强化心理调节的效果。通过师资队伍建设和课程体系建设真正让心理培训在领导干部心理健康服务中发挥先导性、预防性作用，力争能在心理培训中化解心理困扰，提高心理自助的意识和能力，激活和增强新担当新作为的心理资本。

四、技术创新

要借助互联网科技手段，开发以自主测评和自助服务为特色的在线心理服务网络。2011年印发的《关于关心干部心理健康提高干部心理素质的意见》中强调要“积极借鉴现代科技手段，大胆探索有效途径，把握工作规律，建立长效机制，不断提高干部心理素质”。对于大多数领导干部而言，在自身心理是否健康、压力如何缓解、情绪如何调节、睡眠如何改善等方面都或多或少地存在需求，然而他们又担心被视为心理“有病”，而不愿意主动寻求心理服务。为此，应聚焦领导干部的心理调适的现实需求，运用科技化手段，开发领导干部在线心理服务系统，使领导能够通过手机、电脑等移动通信和办公设备随时随地使用。将心理测评自评、身心健康监测与预警、减压放松与身心调节、心理培训课程、在线心理咨询等功能集于一体，为领导干部提供一款定制化的在线心理陪护系统，让领导干部能够在需要的时候即刻获取到便捷的心理服务，通过培育日常心理调节的好习惯增强心理调适能力，同时使心理健康服务能够大规模覆盖各级领寻干部，让更多人受益。

五、服务水平

构建以权威机构和专家为依托的心理咨询、心理危机干预的操作运行机制。为保证心理健康服务的专业性、中立性、保密性，需要在党校之外，探索建立依托权威机构和专家的全国性的领导干部心理健康服务中心。加大对中心工作的支持力度，推动该中心在心理健康知识普及、心理培训课程研发、心理督导体系构建、心理健康图书出版、心理健康产品研发等领域发挥实质性的作用。推动建立专业的心理咨询师队伍，健全心理咨询网络，提高电脑、网络等途径的心理咨询热线的知晓度，确保领导干部在需要的时候能够及时获取到心理咨询服务。同时，形成完善的心理危机干预工作机制，健全心理危机干预制度和工作流程，梳理需要开展心理危机干预的情形等。在领导干部遭遇重特大事故、自然灾害、家庭重大变故、职业发展挫折或疾病等危机事件并导致心理行为异常时，能够及时介入，化解当事人的心理危机。在因抑郁自杀或因公殉职等不幸事件发生时，及时对其家属和同事进行心理危机干预，将负面心理影响降到最低。此外，还需要进一步建立针对心理健康服务专业人士的督导工作体系，提高心理健康服务人员的专业水准和实操能力；建立针对领导干部及所在单位全体干部职工的心理顾问服务体系，让心理顾问服务成为干部队伍建设和思想政治工作的重要抓手，为更多的干部职工提供心理健康服务。

六、资源整合

创设以机关党群部门政工干部为主体的日常心理疏导体系。把心理健康服务纳入思想政治工作之中，继续坚持和完善谈心谈话制度，将心理能力测评、领导力提升诊断作为干部心理疏导的重要手段。为此，应着力加强政工干部的心理工作能力建设，研发政工干部心理疏导技能专题培训项目，有计划地开展政工干部轮训，提高政工干部灵活运用心理学的理念、技术、方法开展思想政治工作的能力，使政工干部能够真正把准干部的思想脉搏和情绪反应，耐心听取干部的利益诉求，及时帮助干部调整心态、排解困难、疏通心结，将心理健康隐患及时消除。在机构改革、岗位调整、提拔任用、退居二线、受党纪政纪处分等特殊时期及时开展心理疏导工作，为干部职工化解思想疙瘩，为领导干部的工作提供心理支持。此外，还可以依托政工干部建立并落实兼职心理辅导员制度，在单位内部开展好心理健康科普、定期心理健康体检、团体心理辅导、心理培训设计与组织实施、心理减压室建设与日常使用维护等日常心理健康服务工作，帮助干部职工缓解压力、焦虑、抑郁等心理问题，预防心理疾病的发生，使更多的干部切实受益。

第十一章 把心理能力建设纳入党的干部队伍自身建设之中

加强党的干部队伍自身建设，不仅包括思想建设、作风建设、组织纪律建设，还应当包括心理能力建设。我们党的干部队伍，不仅要政治过硬、本领高强，还要心理健康。习近平总书记在十九大报告中强调指出，“打铁还需自身硬”，这个“自身硬”既包括信念坚定、思想领先、作风顽强，还包括心理能力过硬。心理能力过硬体现为一种健康积极的心理状态，一种坚毅顽强的性格特征，一种越挫越勇的意志品质，一种奋发向上的理想情怀。如果干部队伍中出现各种悲观失望、情绪低落、意志懦弱现象，不仅影响组织内部活力，还会为个人发生心理疾患埋下潜在危机。为此，把心理能力建设纳入加强党的干部队伍自身建设中，对于增强党的凝聚力与战斗力，对于激发各级领导干部心理活力，营造风清气正的良好政治生态环境都是至关重要的。

一、心理能力建设是加强党的干部队伍自身建设的重要内容

心理能力本质上就是一种心理能量，是一种面对现实、追求目标、克服困难、完善自我、积极向上的内在

力量。积极心理学研究认为，乐观向上的精神状态、主动积极的工作态度、认真负责的专业精神、知难而上的信心勇气、矢志不移的奋斗追求等是组织与个人取得成就或成功的根本所在。在管理培训中，著名的“大树理论”富有哲理，给人以深刻启发。原始森林中的一棵参天大树，树干粗壮，枝繁叶茂，受人瞩目，从中可以感受到大树的生命活力。大树从树干到根基都充满生命能量，每一片树叶、每一个枝杈都奋发向上，共同构成了大树鲜活的生命特征。从大树的成长壮大过程中可以发现具有的“能量特质”：一是“经受考验”。经受考验的标志就是一圈圈年轮，那是岁月留下的斑驳痕迹。大树的成长不是朝夕之间的事情，而是经历了寒风酷暑，漫长磨炼。千百年的风霜雪雨、饱经沧桑、历久弥坚，所有的不凡经历都印刻在树干纹理之中，人们看见大树的时候，无不产生其历经沧桑、久经考验的强烈感受。二是“坚守目标”。大树不论处于高处还是洼地，不论遭遇何种处境，都保持超强定力，不会放弃目标，左右移动。无论大山之巅，还是悬崖峭壁，大树都挺拔不动，顽强生长，正是这种执着坚守，使大树不仅是一种生命力的象征，还成为一种信仰。三是“根基牢固”。大树善于汲取营养，从天地间得到能量。树冠有多大，枝干有多高，大树的根系就有多长。参天大树盘根错节，硕大树干依附于土地，正是这种扎根泥土的务实精神，使大树营养丰富，生机盎然。四是“向上长”。向上长是大树枝繁叶茂的原动力，也是彰显大树追求光明的生命价值所在。大树的枝叶有一个共同特征，就是片片树叶往上伸展，接受阳光雨露与新鲜空气，得到能量滋润。五是“阳光”。大树的成长是欢乐的历程，充满了乐观自信。在大树身上，人们感受到乐观的品格、达观的态度、积极向上的精神。坚守不是苦守，而是热情地迎接每一缕阳光，承接每一滴雨露，大树心情美好、追求光明，在困难压力面前没有焦虑忧伤，依靠自我能量得到了发展。如果把我们的党比作一棵苗壮成长起来的参天大树，在党的发展历程中同样可以发现她所具备的大树一样的典型特质。目标坚定、拥有信仰、饱经磨难、执着坚守、扎根人民、奋发向上、积极有为等这些优秀品质，是党得以战胜困难取得成功的根本原因。中国共产党成立100多年来，正是由于党的各级组织和党员领导干部具有强大的内在心理动力，不屈不挠、斗志昂扬，才使我们的党焕发出旺盛的生机活力，形成了坚不可摧的伟大力量。二万五千里长征路上如此，新中国社会主义革命和建设征程中也是如此，改革开放波澜壮阔的发展变革中更是如此。

在加强干部队伍自身建设中，重视理论学习、实践锻炼、教育培训、纪律约束等方面的要求是必不可少的。把外在的组织营养变成自我心理能量，并由此转化为推进组织事业发展与个人健康成长的心理动力，这是干部队伍自身建设面临的新任务。总的来说，我们的干部队伍是奋发向上的，许多领导干部意志顽强，满怀信心、满腔热情投入工作，为群众所称赞。但现实中我们也不难发现，有的干部情绪烦躁、心情郁闷，精神状态萎靡；有的干部心理失衡，心理负荷加重，存在多疑、紧张、焦虑、孤独、抑郁等心理障碍，甚至患有不同程度的心理疾病。对于这些问题，表面上看是心理健康状态欠佳，实际上是心理能力不足，缺乏良好的心理健康适应能力。归纳起来，心理能力不足主要有如下6种表现：一是挫折感强，认知失调，承受力脆弱，稍微遇到不如意的事情就情绪波动大，心情极端烦躁；二是争强好胜，喜欢自我吹嘘，虚荣心强，人际交往中敏感多疑，不能与他人和谐相处，陷入孤独苦闷之中；三是心态消极，缺乏兴趣，工作上被动应付，生活上百无聊赖，失去工作生活热情；四是角色困惑，不能清楚地了解自己、认识自己，自我萎缩，心理压抑；五是目标失落，对未来感到迷茫，找不到方向，看不到希望，萎靡不振，信念动摇；六是抑郁苦闷，自怨自艾，自卑自怜，经常陷入抑郁痛苦之中难以自拔。上述心理问题对干部队伍的健康成长都会产生严重的负面影响，表面上有的问题是所谓的本领恐慌，实际上是心理营养不足，心理能力缺乏。为此，要把心理能力建设纳入干部队伍自身建设之中，重视干部群体存在的各种心理问题，积极创设良好的心理发展环境，把心理能力建设与干部队伍自身建设结合起来，这不仅是加强党的建设的客观要求，也是营造风清气正的政治生态环境的迫切需要。

二、加强心理能力建设重在厚植心理资本

心理资本就是个人所拥有的积极心理状态，是一种动态的能量储备。厚植心理资本就是厚植心理土壤，加强营养，为心理能力提供动力保障。在中国传统文化中，特别重视心理营养及其修炼的重要性。强调“厚德载物”的道德修炼，倡导“内圣外王”，崇尚“自强不息”。“厚德”“内圣”“自强”本身就是一种心理能力的充分表现，只有具备良好的心理能力，培育“厚德”，争取“内圣”，才能胜任“载物”期望，达到“外王”境界。2004年，美国著名学者路桑斯等人运用积极心理学的成果在组织行为领域提出了心理资本的概念，这一学术概念与中国传统文化中“自强不息”的精神、“内圣外王”的人格理想本质上是相通的。路桑斯将心理资本与财力、人力和社会资本并列为高效能组织的四大资本。心理资本的含义可以从以下几个方面理解认识：一是面对充满挑战性的工作时，有信心并能付出必要的努力来获得成功（自我效能）；二是对现在与未来的成功有积极的归因（乐观）；三是对目标锲而不舍，为取得成功在必要时能调整实现目标的途径（希望）；四是当身处逆境和被问题困扰时，能够持之以恒，迅速复原并超越（韧性），以取得成功。美国心理学家卡洛琳·约瑟夫教授在《心理资本》一书中，将心理资本内容概括为自信心、

乐观、希望、韧性、情绪智力等主要方面，认为心理资本对个人发展至关重要。在心理资本要素中，自信心和自我效能经常交替使用，是一种为完成某项工作而调动自己的认知资源并且采取行动的信念。乐观是一种积极的感知状态，相对悲观而言，乐观更能激发和引导身边的活力和激情来促进组织绩效的提高。希望是一种积极的认知状态，通过设定现实而又具有挑战性的目标，自我能够实现并达到预期的一个结果。韧性更多的是与困境相联系在一起，当遇到困境时，具有韧性的个体能够克服困难、迎难而上，因此韧性是一种积极克服困难的精神状态。情绪智力就是自我认知、压力承受和人际关系沟通协调能力，由此使个人积极适应组织环境的复杂变化，并能维持自身的活力和动力。

得益于中国管理智慧以及西方学者的研究成果，从加强干部队伍心理能力建设的目标要求出发，厚植心理资本将聚焦于目标信念、兴趣志向、精神需要、成就动机、自我认知、价值取向、意志品格（如坚持忍耐）等关键心理因素上。

一是聚焦目标信念。目标就是旗帜，理想就是风帆。在目标与理想的召唤下，人们的行动才更加有力。同时，目标与理想是人的精神支柱，有了这个支柱，才能克服困难，不断追求光明未来。长征路上，不管多么艰难，红军战士依然斗志昂扬，因为在战士的心中，充满为革命理想奋斗的豪情壮志，为中华民族自由独立的献身精神。正是源于为中华民族自由独立的清晰目标，为实现共产主义的远大理想信念，对马克思主义真理的自信坚守，才鼓舞着这支革命军队千里跋涉，不断走向新的胜利。在耳熟能详的长征故事里，我们无不为前仆后继的革命英雄所感动，尽管这支队伍食不果腹，衣衫褴褛，但斗志没有消退，前进的信心没有动摇，精神支柱没有垮掉。长征队伍中很少发现所谓的压力抱怨、情绪郁闷、选择悔恨甚至患上焦虑恐惧心理疾病。究竟是什么力量驱使着每个人不畏艰难勇于牺牲？答案就是积极敢为的乐观自信所带来的一种力量。一支不可战胜的军队必然是不怕牺牲、排除万难、争取胜利的军队，有这样的心理塑造，我们党的领导干部团结一心，党的各级组织更加坚强有力，为中国革命事业最后取得成功奠定了政治心理基础。

在目标对行为产生的作用上，心理学界也开展了深入的研究。美国哈佛大学一项研究结果表明，在目标追求上可以把人分为4个层次：第一类是目标清晰、坚定追求者。这类人可以发展成有所作为的成功人士。第二类是目标比较清晰，知道怎么去做的人。这类人可以发展为比较成功的人。第三类是目标模糊，容易动摇者。这类人可能有一定机会，但容易遭受挫折失败。第四类是没有目标者。这类人难以取得成功，多数处于挣扎的边缘。心理负荷加重者多数是第三、第四类人，因为心理生活质量差，没有品尝到奋斗的乐趣，没有目标激励的深切感受。由此可见，聚焦目标是事业成功的基本前提，没有目标就没有追求，组织也不可能存在，成功也是徒有虚名。在目标导向中，需要强调“三力”：第一，定力。就是要坚持目标方向不动摇，具有“千磨万击还坚劲，任尔东西南北风”的泰然。第二，耐力。只有坚持才有机会，才有结果。第三，活力。就是要有灵活性和变通性，不死板、不僵化，不求直线捷径，但坚守目标不动摇。

二是培育兴趣志向。如果说目标信念是精神的支柱，兴趣志向就是维护支柱挺立的添加剂。心理学研究表明，在个人的心理世界中，兴趣是减少心理压力、缓解心理矛盾纠结的重要因素。人们对工作的兴趣会增强工作的责任心、自豪感，对生活的兴趣会增加生活的积极性、主动性。尤其是在单调枯燥的工作环境里，与其刻意忍受不如积极适应，做感兴趣的事情要比做枯燥无味的事情难度小，也轻松愉悦得多。为什么有的领导干部百无聊赖，精神萎靡？这并不全是世界观、人生观的问题，是工作和生活中找不到兴趣，发现不了乐趣，心理生活单调乏味，渐渐失去了工作热情。为此，要研究领导干部的工作兴趣，并由此培养良好的职业兴趣，增加干部心理健康活力。一般说来，人的职业兴趣的产生和发展要经历这样一个过程：有趣—乐趣—志趣。有趣是职业兴趣产生的第一个阶段，也是职业兴趣发展的低级阶段，它往往短暂易逝，非常不稳定。处于这一阶段的兴趣常常与个体对某一工作的新奇感相联系，随着这种新奇感的消失，兴趣也会自然地逝去。对某种工作感到“有趣”的现象多见于个体刚从事该工作，对工作有种神秘感和新鲜感。当个体打破了对工作的神秘感和新鲜感之后，就会从“有趣”变为“无趣”，日常工作中的改行和跳槽现象多发生于这个阶段的后期。乐趣是职业兴趣过程的第二个阶段，它是在有趣定向发展的基础上形成的，是职业兴趣发展的中级阶段。在这一阶段中，随着职业知识、技能的积累，同事关系的和谐，工作目的的明确，个人的职业兴趣会变得专一、深入起来。志趣是职业兴趣发展过程的第三个阶段，当乐趣同社会责任感、理想、奋斗目标结合起来时，乐趣便成了志趣。志趣具有社会性、自觉性和方向性，对工作学习乃至生活具有重要的增力作用。

三是倡导精神需要。人生成长有四大心理需要：第一，生存环境的需要，要获得与衣食住行等密切相关的物质基础条件，有工资收入、办公场所、交通便捷、住房保障的客观需要；第二，发展环境的需要，进入校园学习知识、加入社会组织、获得情感友谊、得到朋友尊重、被组织委以重任等都是发展的需要；第三，健康的需要，希望减少疾病痛苦，保持健全体格，拥有身心健康等；第四，精神的需要，有理想和信仰，追求精神世界的愉悦满足，获得赞美肯定，乐意助人，积极奉献，创造进取，等等。这四大心理需要左右了人们的心理轨迹，是影响心理健康状态的潜在诱因。因此，要研究领导干部的心理需要，既要关注中高层领导干部心理需要结构的变化，更要关注基层干部心理需求的具体表现。只有在了解需求特征及其变化趋势的基础上，我们的激励手段才能获得效果。目前在干部队伍中，为什么有的人甘于奉献、积极有为、长年累月坚守在基层一线？为什么有的领导干部两袖清风、甘于寂寞、无私无畏？这都与干部精神世界的需求满足有关。有的人把奉献进取作为人生的追求，有的人把完成组织使命作为精神动力，其中体现出需要层次的差异变化。当然，我们也经常发现，在干部群体中，有的人情绪低落、工作主动性不强，精神倦怠现象突出，这些心理问题需要引起重视。否则，长期的心理压抑会酿成各种心理疾患。

四是激发成就动机。成就动机是领导干部干事创业最突出的内在驱动力。首次明确提出成就动机概念的是哈佛大学教授麦克利兰（D.C.McClelland）。他认为，成就动机（achievement motivation）是人们在完成任务的过程中，力求获得成功的内部动因，即个体对自己认为重要的、有价值的事情乐意去做，努力达到完美的一种内部推动力量。应当说，拥有成就动机的人，其心理动力、工作干劲都比较足，富有责任心，对取得成绩或群众满意评价的愿望强烈。对于各级领导干部而言，组织上委以重任，这也是许多领导干部自感责任重、压力大的重要因素。为官一任，造福一方是领导干部从政的普遍心理愿望，也彰显其作为领导干部的政治荣誉感。领导干部的政治荣誉感是一种经过社会考验的自我实现感，荣誉感的获得是领导价值最重要的体现，这种价值体现也成为领导干部获得价值感的源头活水，成为领导干部干事创业的不竭动力。需要强调的是，领导干部的自我实现感不同于科学家和艺术家的自我实现感，领导干部的自我实现感是根植于群众需求基础上的自我实现感，老百姓问题得以解决，群众利益得以维护，他们由此获得成就感和荣誉感。这种荣誉感和价值感，丰富着领导干部的精神世界，激励着领导干部奋发向上的精神追求，这也是领导干部充分体现自身价值的强烈感受。正因为此，领导干部才总是把“先天下之忧而忧，后天下之乐而乐”作为精神的向往和寄托。河南兰考县委书记焦裕禄在病榻上向看望他的干部和群众表达心愿：“把我埋在沙堆上，活着我没有治好沙丘，死了也要看着你们把沙丘治好。”这不仅是共产党人的精神情怀，也是作为领导干部强烈的社会成就动机的真实写照。激发、培育并保护这样的成就动机，是丰富领导干部精神世界、厚植心理资本、增进心理健康水平的重要内容。

五是重视自我认知。自我认知是对自己的洞察和理解，随着自我观察的加深，将逐渐上升到自我评价阶段。《道德经》告诉人们“知人者智，自知者明”，讲的就是如何实现自我认知以及自我认知对个人心理成长的重要性。领导干部对自己愿望、动机、行为和个性品质的评价，关系到自己参与组织工作的积极性，也影响到协调工作中的人际关系。自我评价可以是正确的，也可以是不正确的。正确、客观地认识和评价自己的价值和自己的所作所为，对于提升心理能力具有重要的意义。自我认知包括角色知觉、社会知觉、自我评价以及自我体验等方面。

从角色知觉而言，领导干部角色自觉是对领导角色的知觉和意识，时刻想到自己是一个领导干部，应承担领导干部的责任，履行领导干部的义务。领导干部角色自觉的特殊性表现在：第一，观察自己较之观察他人掌握的信息多；第二，观察自己比观察别人更为熟悉；第三，自己既是观察者又是被观察者。若一个领导干部对自己所扮演的领导角色的知觉和意识较差，就有可能出现“在其位不谋其政”的现象，不能起到一个领导干部应有的作用。

从社会知觉而言，主要包括对个体的知觉和对人际关系的知觉两部分内容。对个体的知觉主要指对别人外部特征的知觉，进而取得对他人的动机、感情、意图、性格等的认识。唐太宗在魏征去世时曾感怀："夫以铜为镜，可以正衣冠；以古为镜，可以知兴替；以人为镜，可以知得失。我常保此三镜，以防己过。今魏征殂逝，遂亡一镜矣。"人际关系的环境是领导干部自我意识的一个不可忽视的背景。领导干部的人际关系包括领导干部与下属、领导干部之间、领导干部与上级的关系。领导干部对人际关系的正确知觉主要集中在对心理距离和感情纽带的理解，领导干部对人际关系的知觉一定程度上折射出领导干部自身的个性品质和行为习惯，一个善于处理人际关系的领导干部会更趋向于客观地认识自己。

从自我评价而言，心理学研究显示，人们对自己的看法和实际情况之间有很大的关联，多数人更趋向于用更有利的词汇来描述自己，认为自己有许多好的品质，这种现象在比较自我评价和对多数其他人的评价时尤其明显，绝大多数个体会用比他们用来形容其他人好得多的词来形容自己。这种对自己进行的正面的、主动的评价就是积极的自我评价。一个具有较高自我效能感的领导干部往往更愿意采取积极的自我评价。领导干部积极的自我评价具体表现就是有清晰的角色认知以及自我能力认知，而且能够充分发挥出自我能力的巨大实践作用。

从自我体验而言，自我体验是自我意识在情感上的表现，领导干部在意识到自己的角色职责以及权利义务的同时，会形成一种积极的或消极的情感体验，拥有积极情感体验的领导干部会自觉将角色要求内化为自己的个人需要和信念并促使采取积极的行动。此外，领导干部在组织工作中形成的消极自我评价会带来不良的行为，而自我体验能起到促使自我评价制止这些不良行为的作用。领导干部自我冲突是自我体验的一个重要组成部分，由于个体或环境的因素，领导干部在意识的过程中产生的自我认知的模糊和不确定，以及不能客观评价自己的一种心理状态，常常同时伴随产生一系列负面的情感体验。

六是树立价值取向。心理学研究认为，当一种价值观经内化而成为人的行为向导时，就被称为“价值取向”(values orientation)；价值取向是稳定价值观的动态表现。领导干部的价值取向表明领导以什么样的态度来对待自我和社会，它是领导在进行价值活动时所表现的一种倾向性态度，是领导在价值活动中的一种选择。价值取向具有以下几个特征和功能：第一，认知特征和功能。它使个人和群体在历史和现实生活中对自身不同于他人或群体的地位和作用不断地产生新的认识，也就是我们平常所说的自我意识。一个人或群体与他人或别的群体发生关系时他人或别的群体仿佛成了一面镜子，在这面镜子中可以看到自己的形象是真还是假、是善还是恶、是美还是丑。通过这种反思可以择其善而从之，其不善者而改之。这种自我意识不断升华的过程也是价值取向不断升华的过程。第二，激励特征和功能。价值取向可以唤起个人和群体的美好情感，这是人类行为动力结构中的一个重要环节，若这种感官或审美的需要得不到满足，它就会导致人们的情绪迟钝、消沉，以及无力认识主体的自我。价值取向所引发的特殊的情感实际上是围绕特定的社会生活和实践，调动个人或群体的感情，增强他们的观念，陶冶和发扬他们的优秀品格的特定手段。这种情感一旦被引发或调动起来，就会形成一种强大的力量，成为社会发展的动力。第三，导向特征和功能。价值取向的特征和功能在于它可以引导个人和群体坚持鲜明的价值立场，并根据价值准则对自己的社会行为进行引导。第四，协调整合特征和功能。这种协调整合的作用是多方面的，既有政治和经济方面的，也有心理和思想方面的。前者往往带有很大的强制性，而后者则往往带有很大的主动性。它可以通过个人和群体在心理本能、认识水平、感情倾向、思想态度方面的相互交流、相互影响、相互制约和相互推动，形成共同的心境和心态，从而增强人们的心理凝聚。第五，示范特征和功能。价值取向的一个很重要的特征和功能是通过人的思想感情和行为来对他人和群体树立榜样，进行示范，施加影响，促使被影响者跟着学照着做，树立与自己同样的思想感情和行为。价值取向之所以会对被影响者产生重大的影响，改变他们的态度和行为，是由于人们的模仿心理在起作用。价值取向示范的心理依据是模仿。模仿就是个人或群体榜样的相应价值标准在思想、感情和行为中的直接反应过程，它是自觉或不自觉地模拟榜样的态度和行为，对榜样的态度和行为特点进行复制。这种模仿的心理倾向在集体行为中尤为显著。作为一个领导干部应当充分注意到人们的这种心理倾向，充分发挥自身价值取向的正面示范作用。

七是推崇坚持忍耐。所谓“挫折忍耐力”，实际就是对遭遇逆境的自我情感、情绪的调节能力。当成功到来的时候，人的心理承受力呈现出正向发展趋势；而当挫折到来的时候，人的心理承受力呈现出负向发展趋势。因此，一个人承受成功是没有太大问题的，其承受能力体现也不会太充分；而承受挫折，才真正是对人的心理承受能力的考验。挫折程度越深，考验就越大，其心理承受能力强弱的反映也就越明显。这一点在不少老一辈无产阶级革命家的领导实践活动过程中都体现得非常充分。显然，承受挫折能力是领导干部心理能力的典型表现特征。美国心理学家推孟对150名事业有成人士进行研究，发现性格因素与他们的成功有着密切关系。他们往往具有以下共同性格特征：第一，为取得成功的坚持力；第二，善于积累成果；第三，自信心强；第四，不自卑。考克斯对1450年至1850年400年间所出现的301位伟人进行研究，发现他们都有以下优秀性格特征：自信、坚强、进取、百折不挠等。有人对享有盛誉、成就卓著的领导人的性格进行了研究，发现他们共同的性格特征是实际、客观、求善、创新、坦诚、结交、爱生命、重荣誉、能包容、富有幽默感、悦己信人等。这些性格特征是他们造福于人类的信仰的体现，对支持他们始终如一地为实现信仰而奋斗起了重大作用。习近平总书记在党的十九大报告中指出：“96年来，为了实现中华民族伟大复兴的历史使命，无论是弱小还是强大，无论是顺境还是逆境，我们党都初心不改，矢志不渝，团结带领人民历经千难万险，付出巨大牺牲，敢于面对曲折，勇于修正错误，攻克了一个又一个看似不可攻克的难关，创造了一个又一个彪炳史册的人间奇迹。”从中我们深刻感受到，共产党的坚强源自其内部强大的心理能力，共产党取得成功的历程就是其心理资本不断积累厚植的历程。正是具有雄厚的心理资本，我们党才不屈不挠、顽强拼搏，战胜艰难险阻，取得举世瞩目的成功。

三、提升领导干部心理能力的着力点

把心理能力建设引入党建视野，从心理资本入手增强领导干部的心理能力发展水平，可以说开辟了党建研究的新视角。心理能力建设作为领导干部队伍除政治建设、思想建设、道德建设与作风建设以外的重要内容之一，是党的干部队伍自身建设不可或缺的重要组成部分。心理能力源自心理能量，心理能量需要厚植心理资本，对于心理能力建设工程，需要从以下几个方面入手。

一是明确目标，坚定信念，为心理能力建设指明方向。乐观自信、坚持忍耐、积极向上等心理能力品格的养成，是基于信念的坚守，是组织忠诚目标激励催化的结果。在领导干部成长发展当中，理想信念是第一位的，没有信念支撑，目标追求就失去方向，就会失去前行的动力。理想与目标在驱动个人成长发展中具有“灯塔效应”。没有崇高理想和奋斗目标就如同黑夜里看不见灯光，会降低斗志，容易产生悲观失望情绪。因此，要把“实现中华民族伟大复兴”和“人民对美好生活的向往就是我们的奋斗目标”作为党员领导干部矢志不移的理想追求和努力方向，并在思想上保持统一，心理上高度认同，行动上积极融入，把党的目标内化为自己的行动，把忠诚、责任、担当作为政治素质过硬的基本要求，把乐观、积极、投入作为心理能力的重要指标，以奋发有为的精神状态投入各项工作当中，把对组织忠诚与积极肯干、勇于担当结合起来。

二是激发成就动机，彰显时代精神，为心理能力建设增加动力。改革开放40多年的现代化发展道路，也是40多年的心理变革历程。总结40多年的光辉业绩，更重要的在于提炼出40多年改革开放的时代精神，并为此确立合乎时代精神和社会规范的价值标准，通过讴歌宣传时代精神和先进人物事迹，激励干部和群众干事创业的工作热情。同时，对符合时代精神的行为，社会各界包括新闻媒体给予热情支持、积极评价，对做出突出业绩的领导干部予以表彰奖励，激发强烈的社会成就动机，让创业者干事者都能体验到尊重和厚爱的情感，创造一个人人奋发向上、个个勇于争先的良好社会心理氛围，营造积极肯干、风清气正、自强不息的政治生态环境，使社会充满正能量。由此，使干部队伍的积极心理能量得到积极引导与充分释放，增强为党和国家现代化伟大事业献身的自豪感和自信心。

三是培养职业兴趣，提倡爱岗敬业，为心理能力建设注入活力。古人云：“知之者不如好知者，好知者不如乐知者。”职业兴趣是指个人对环境中的人、事、物的喜好程度以及与职业有关的活动主动接触参与的积极心理倾向。具体到领导干部的职业兴趣，则是指对党政事业的极大热情并积极主动地投入其中的心理倾向。职业兴趣在人的职业活动中起着重要的作用，当个人的职业兴趣特点与职业环境所要求的职业类型相匹配时，就可以促进人的职业定向和职业选择、开发人的智力、激发人的探索与创造欲望、增强人的职业适应性和稳定性。实践证明，当人们对某方面事物感兴趣的时候，这种兴趣就会引导他积极地从事这方面的实践活动，从而获得比别人更多的关于这方面的认识。所以，一个人对某种职业感兴趣不仅表现为他对该种职业活动的肯定和趋向态度，还可以表现为坚定地追求某种职业，在实践中愉快地、主动地去探究他所从事的职业，并为之尽心竭力的行为特征。为此，要把兴趣培养作为提升心理能力的重要途径。第一，倡导学习激发认识兴趣。研究表明，当个人不具备职业活动某些方面的知识的时候，就难以产生这方面的兴趣，必要的知识与技能是提高和丰富人们的职业兴趣不可缺少的条件。第二，增加实践的乐趣。实践使领导干部更多地接触、了解职业活动的各个方面，从而认识它的各种性质、特征、规律及其社会意义，进而对职业产生情感，形成对职业活动的认识，巩固和发展已形成的兴趣。第三，通过目的来激发兴趣。对于大多数基层干部而言，多从事的是琐碎繁杂、默默无闻的工作，其职业兴趣在多数情况下也是间接兴趣，即对自己工作的结果发生的兴趣。为此，确立明确的工作目标往往会引导干部对工作本身发生兴趣，从而有助于养成良好的职业习惯。第四，在激发培养职业兴趣过程中，要注意防止职业枯竭现象。“枯竭”，英文叫“burn-out”，就是燃尽、烧光的意思，也可以翻译成职业倦怠。1974年美国临床心理学家弗罗伊登伯格首次将它应用在心理健康领域，枯竭现象通常发生在人际接触频繁、密切的服务性职业中，因为持续的工作压力和消极情绪体验会造成心身疲惫和消耗状态。为此，要开展多样化的职业教育，读书、辩论、调研、讲座、写作、文体活动等都能增加工作生活乐趣，减少职业倦怠现象。

四是重视角色定位，倡导积极适应，为心理能力建设树立标准。在领导干部角色扮演中，如何明确角色位置，适应角色，减少和避免角色冲突，考验着领导干部的政治思想素质，也检验着领导干部的政治胜任力。现实中，领导干部的角色与普通百姓的角色具有明显的差异。在众多角色里，政治角色、公众角色、组织角色、社会角色、家庭角色、个人角色构成了领导干部的角色图谱。居于第一位的是政治角色。强调忠诚、责任、担当就是对领导干部政治角色的起码要求，也是衡量政治素质过硬的重要指标。百姓群众的角色可以是个人角色、家庭角色、社会角色、公众角色、组织角色、政治角色。对百姓的要求不全是政治上的要求，多数是生活中的角色期待，比如长幼有序、男女有别等都是个人生活或家庭角色的要求。正是因为角色位置存在差异，领导干部作为“公家人”，要时刻不忘自己是党的人，是组织培养的人，不仅具有个人生命，更重要的是具有组织生命和政治生命。一旦被开除党籍公职，就是组织生命与政治生命的终结，这是领导干部从政生涯中最大的失败。只有明确政治角色，才能知道什么是政治素质，才能把“四个意识”变成领导干部遵守的行为准则。有的领导干部正是因为角色混乱或角色模糊，成为个人心理压力增大、难以适应岗位要求的主要原因。

五是夯实根基，疏通血脉，为心理能力建设提供能量保证。为渠哪得清如许，为有源头活水来。心理能力培育发展不是朝夕之间达成的，需要持续不断地提供营养、浇灌根基、补充能量，逐渐养成。因此，要拓宽能量来源渠道，广泛吸收营养，从中得到教育启迪，提升心理涵养力。第一，从民族文化血脉里汲取营养。优秀传统文化是维系民族生生不息的根基，在中华民族五千年的历史长河中，孕育了灿烂多彩的民族文化，中华民族自强不息的精神、坚忍不拔的民族品格、博大精深的思想智慧，为领导干部的心理能量注入了强大动力，是领导干部心理能力建设得天独厚的营养。第二，从群众智慧中来。毛泽东同志说过："群众是真正的英雄，而我们自己则往往是幼稚可笑的，不了解这一点，就不能得到起码的知识。"领导干部不是群众的先生，而是群众的学生，要真心诚意地拜群众为师，向群众学习，向群众求教。如果脱离了群众，就成为无水之鱼，无本之木，就失去了营养根基。因此，要转变观念作风，做任何事情都要从维护群众的利益着想，把人民群众高兴不高兴、满意不满意、答应不答应落实在行动上。只有群众衷心拥护，我们的内心才温暖无比，才充满信心力量。第三，从人生阅历中来。人生道路不平凡，既是艰难曲折的跋涉之路，更是积极愉快的难忘体验。领导干部的人生亦是如此。组织常在而领导干部却不常在，这是历史使然。领导干部在任时间虽然短暂，但铁肩担道义则是持久的期盼。历史总是进步向前的，只要人活着，就要积极努力，就要为社会贡献力量。领导干部重任在肩，这个重任不是危途负累、烦恼忧愁，而是旭日东升，是充满希望与欢乐的旅程。因此，要把心理快乐的钥匙握在手心，能量满满，踏歌前行，做到"仰不愧于天，俯不怍于人"(《孟子·尽心上》)。第四，从社会实践中来。空谈误国，实干兴邦。实践出真知、实践长才干，实践增智慧，实践加能量，"纸上得来终觉浅，绝知此事要躬行"。为此，要倡导实践之风，坚决杜绝形式主义、虚无主义，在实践中获得真理并检验真理，在实践中获得知识、增加心理能量。第五，从心理感悟中来。旺盛的生命力源自强大的能量系统。大自然之所以生机盎然，在于获得丰富营养滋润。毛泽东同志在24岁的时候，就写了一篇《心之力》的雄文。他在这篇洋洋洒洒八千多字的文章里，集中探讨了心理能量及其重要作用。文章讲道："天之力莫大于日，地之力莫大于电，人之力莫大于心。阳气发处，金石亦透，精神一到，何事不成？"文章强调"心为万力之本"，要高度重视"心"的作用，要拥有健康向上的积极能量，只有把"心"的问题解决好才能谈得上“力”的表现，这是维护每个人发展成长的重要保证。为此，在干部教育培训中，要把从政智慧与心理感悟作为干部学习交流的重要话题，在专题培训中将心理健康、积极心态作为必修课。在干部选拔中，要把心理健康纳入干部选拔考核的主要内容中，使干部通过各种形式的行之有效的教育培训与反思感悟活动，获得积极的心理能量，提升领导干部人生智慧，增强领导干部的心理健康能力。

后　记

领导干部心理健康问题，不仅是影响干部自身健康成长的关键问题，也是影响组织目标顺利实现的一个重要问题。任何组织的健康发展和取得成功，几乎都离不开组织成员的乐观向上、奋发有为的拼搏奋斗精神和积极心态。领导干部作为各级组织的重要成员，其心理健康能力水平，决定着组织成员的精神状态和表现水平。一个无精打采、目标迷茫的领导者，其下属必定六神无主甚至一盘散沙；一个目标坚定、拥有激情的领导者，其下属必然精神抖擞，充满信心。因此，研究和探索领导干部的心理健康，聚焦领导干部心理健康存在的各种问题障碍，帮助分析原因症结，寻找解决途径和方法，提升心理健康调适能力，对于加强领导干部队伍心理能力建设，积极营造风清气正的良好政治生态环境具有重要意义。

《领导干部心理调适能力建设》这本书，内容承载量有限，但强调实用价值，普适性强。不仅对心理健康的基本问题予以系统阐述，更是在如何增进心理健康能力上提供切实可行的办法思路。本书从理念引入，在问题上着眼，并辅之以一些案例深化认识理解；特别是针对认知障碍、情绪纠结等心理问题，注重原因分析，进而提出一些可操作借鉴的办法和建议。考虑到本书突出“心理调适能力建设”这一主要问题，在理念构建上将《正确把握和引导换届前后干部心态》、《推进领导干部心理健康服务体系建设》和《把心理能力建设纳入党的干部队伍自身建设之中》

等一些重要理论文章纳入内容体系之中，以期为创新和构建新时代领导干部心理调适能力运行机制提出对策思路。

应当看到，领导干部心理健康与调适，是一个十分复杂且重要的现实问题，只从个体认知层面探讨是不够的。任何心理问题都不是孤立存在的，家庭背景、社会环境、人际关系、经济发展、组织变革、生活历练等无时无刻不对心理健康产生着潜移默化的影响，对于心理问题除了考察客观环境影响，还要从认知心理、性格类型、行为习惯、价值判断、生活态度等主观因素上予以探讨。本书只是从如何提升心理健康调适能力的角度提供一些对策建议，鉴于本人的认知能力水平及知识经验有限，人生历程所蕴含的许多深刻道理也在感悟体验当中，浅薄与不足之处，敬祈批评指正！

胡月星

2022年11月19日